ちくま新書

頭山満

——アジア主義者の実像

嵯峨 隆
Saga Takashi

1608

頭山満――アジア主義者の実像【目次】

はじめに

頭山満《とうやまみつる》（一八五五〜一九四四）は、明治・大正・昭和にわたって活動した国権主義者にしてアジア主義者として知られる。しかも彼は、いかなる公職にも就いたこともない、生涯「無位無官」の浪人であった。にもかかわらず、彼は多方面に政治的影響力を持った不思議な人物であった。だが、同じアジア主義者の浪人であっても、宮崎滔天《とうてん》のような人物と比べると、頭山に対する歴史的評価は決して高いとはいえない。

というよりも、第二次世界大戦後においては、酷評を受けることの方が多かったといえよう。とりわけ、カナダ人歴史家であるハーバート・ノーマンの頭山に対する評価は際立っていた。彼は一九四四年に書かれた論文「日本政治の封建的背景」で、頭山を「粗野猥雑」で「『最上』のナチ型」の陰謀家として描き出しており、それはほとんど罵詈雑言の集積といってよいものである。また、彼のアジア主義は投機的なものに過ぎず、実際は侵略主義であったとしている。ノーマンは連合国総司令部（ＧＨＱ）による日本統治に大きく関わった人物であり、彼の見方は戦後の頭山評価の源流の一つになったと見ることもできるであろう。

ノーマンのように、頭山を人格を含めて全否定しようとする立場は、国権主義を無前提的に悪とする立場から彼の行動や言説を解釈したものであって、今日からすれば決して客観的な評価といえるものではない。そこには、国権主義と民権主義を超時代的に二項対立として捉える発想があるように見える。しかし、近代に入った頃の日本においては、それらは融和ないし両立する関係であったことは認識しておかなければならない。例えば、明治期の著名な民権主義者である中江兆民《ちょうみん》が頭山と極めて親しい間柄にあり、次のような人物評を残していることはその一つの証といえるだろう。

頭山満君、大人長者の風有り、且つ今の世、古の武士道を存して全き者は、独《ひと》り君有るのみ、君言はずして而して知れり、蓋《けだ》し機智を朴実《ぼくじつ》に寓する者と謂ふ可《べ》し。(『一年有半』)

この短い文章からは、頭山の人格に対する高い評価が窺える。ノーマンのように、彼を終始一貫した極悪非道の人物とする見方は、時代性を無視したものといわなければならない。また、彼を単純に侵略主義として切って捨ててよいのかも問題であろう。中国文学者にしてアジア主義研究者であった竹内好《よしみ》は、「侵略を憎むあまり、侵略という形を通じてあらわされているアジア連帯感までを否定するのは、湯といっしょに赤ん坊まで流してしまわないかをおそれる」と述べているが（「日本人のアジア観」）、この言葉は頭山の場合にも当てはまるように思われる。

そうした意味において、本書は頭山に対する評価の全面的な変更を行おうとするものではないが、これまで日本によるアジア侵略の先駆けと見なされてきた彼の対外観と行動については、時代の流れの中でより客観的に位置づけられる必要があると考えられる。より具体的にいえば、頭山の思考と行動において、侵略志向といわれるものがアジアとの連帯感といかなる形で併存ないし結合していたのかが問われる必要があるのである。

ところで、頭山を含めて日本の国権論的アジア主義者の「思想性」については、その存在自体を疑問視する見解がある。例えば、アジア主義についての著作がある中島岳志は、「彼らには思想がなかった」として、次のように記している。

頭山満も内田良平も、時事評や戦略論、精神論は盛んに講じていても、後世に残るほどの思想を提示していない。いや、正確に言うならば、彼らは意図的に思想を構築することを放棄していた。彼らは「思想」というものに対して、積極的に無頓着たろうとしていた。（『中村屋のボース』）

確かに、頭山は生前に体系だった著作を書き残しておらず、その言説は彼の周辺の人物が記録して残したものでしかない。また、頭山の評伝作家の一人である松本健一は、「かれ（頭山を指す――引用者註）については多くのエピソードが残されているが、そのエピソードというのは、とどのつまり管見であって、全体像を容易にうかがわせない」と述べている（『雲に立つ』）。断片を繋ぎ合わせてみても、頭山が何者であるのかということが、なかなか見えてこないということなのだが、思想であれば尚更のことだといえよう。

しかし、思想の抽出には困難さが伴うとしても、頭山が無思想・無原則であったことにはならないだろう。むしろ問題は、彼の行動の源泉となっているものを明確に定義し難いという点にあったと考えられる。この点に関して筆者は、頭山が周辺の人物を介して残した言説を整理し、実際の行動との関連性を検討することによって、彼のアジア観の本質に近づくことは可能ではないかと考えている。

頭山の思想に関わる今一つの問題は、彼自身が書き残したものがないことから、その伝えられる言説には時期を確定することができないものが多いため、思想と対外観の推移の跡を、時期的に区切って示すことが難しいことにある。そのため、本書では彼の思想を生涯全体に渉るものと見なし、一般化した形で提示しておかざるを得ない。

これまで、頭山について書かれた書物は多い。戦前出版された著作の中では、藤本尚則の著作『巨人頭山満翁』は大部なもので、さながら「頭山大百科」の感さえある。同書の初版は一九二二年に出され、その後書き加えられて一九四二年に最終版が出ている。また、西尾陽太郎が解説を付した『頭山満翁正伝　未定稿』は、岩波書店創業者である岩波茂雄が頭山の晩年に出版を企画したもので、各方面から集めた原稿は戦争の災禍の中で消失していたが、戦後になって関係者の手によって再現され一九八一年に出版に漕ぎ着けたものである。同書は、頭山に直接インタビューした部分もあり、資料的信頼度には高いものがあるため、本書も参照文献として依拠するところが多い。

戦前・戦中に書かれた頭山に関する著作は、概《おおむ》ね「豪傑」というイメージを基に書かれている。それは、社会に睨みを利かせる硬派だが、一方では気が優しいという人物像である。頭山が豪傑と称せられるのはいつ頃のことからかは分からないが、一九一〇（明治四三）年頃には豪放な人物というイメージが確定していたとも考えられる。日中戦争本格化後の一九三九（昭和一四）年には、藤本尚則の編集による『頭山精神』が出版されているが、そこには「頭山翁のドコが偉いか」と直截な題名の文章もあり、頭山は豪傑を超えた仙人のごとき人物として評されている。

さて、戦後書かれた頭山の評伝はいくつかあるが、それは「国士」として称えるものから、文明論的に評価しようとするものまで様々なものがある。そうした中で、一つの傾向としてあるのが、頭山の出身地である福岡とのつながりで彼の生涯を描き出そうとするものである。確かに、彼の生涯には福岡を抜きにして語ることができない部分は多い。思想ないし対外観には、地域的風土に影響を受けた部分もあるだろう。だが筆者は、それらを頭山という人物の個性の中に求めるべきではないかと考えている。

他方、意外なことに、頭山の生涯をアジア主義との関連で論じたものは少ない。研究論文としては、筆者が書いたものを含めて数件あるが、書籍に眼を転じると葦津珍彦《あしづうずひこ》の『大アジア主義と頭山満』があるだけに過ぎない。葦津は少年の時より頭山に師事した人物であるので、同書には参考にすべき点が多分にある。しかし、今日的観点から、さらに深く論じられるべき事柄も多いといわなければならない。そこで本書では、先行の著作を参考にしながら、頭山の中にある国権とアジアを主たるテーマとして、彼の生涯を見ていくことにする。

最後に、本書で使用する資料について述べておきたい。本書で述べるように、頭山は福岡の結社である玄洋社《げんようしゃ》に深く関わった人物であるため、これまで彼および周辺の人々の行動は、『玄洋社社史』に依拠して論じられる傾向にあった。しかし、玄洋社研究者として知られる石瀧豊美も指摘しているように、それは公式の著述ではないため、全幅の信頼が置けるものではない。同書の出版関係者は玄洋社に親近していたが、全て社外の人であったからである。そのため、本書もできるだけ『社史』とは距離を置きながら論述を進めていきたいと考える。

なお本書では、文中の引用については、原文の旧字は常用漢字に改めた。引用文のうち読みにくい語句には適宜ルビを付した。また、原文が片仮名混じりのものは、読みやすさを考えて平仮名に改め、必要に応じて濁点や句読点を付した。

第一章

福岡の地にて

1　少年時代から玄洋社設立に至るまで

†「頭山満」誕生す

頭山満は一八五五（安政二）年五月二七日（旧暦四月一二日）、筒井亀策《かめさく》の三男として福岡城下西新町に生まれた。母の名はイソ、幼名は乙次郎《おとじろう》という。姉はさき、長兄は亀来《かめき》、次兄は正次郎《しょうじろう》といった。筒井家は福岡藩百石取りの馬廻役《うままわりやく》であったが、家計は決して豊かではなく、加えて社会的体面を立ててゆくためには、母の苦労は並大抵のものではなかったといわれている。

評伝によれば、「乙次郎の頭山、生れながらにして呑牛の気胆あり、入《い》つては一家の持てあましものたり。出《い》でゝは隣里の餓鬼大将として、己れより年長の少年輩をも其令下に唯々諾々たらしめ、疾《と》くより他日棟梁の材たるを認めしむるものがあった」とされる（藤本尚則『巨人頭山満翁』）。長兄が語るところでは、乙次郎は子供の頃から気が強い性格だったようだ。母は厳格な人で、乙次郎を折檻することもあったが、母が五つ叩けば六つ叩き返すこともあったという。

少年時代の乙次郎の悪童ぶりを示すエピソードは枚挙にいとまがない。しかし彼は、幼少の頃から記憶力には極めて優れたものがあったらしい。ある日、父親に連れられて桜田義士伝の講談を聞きに行った際、帰ってからその文句を初めから終わりまで順序よく話し、しかも烈士の名前をことごとく覚えていたことには、家族みな驚かされたという。いうまでもなく、「桜田義士伝」とは一八人の水戸浪士が一八六〇（安政七）年三月三日に、大老井伊直弼《なおすけ》を桜田門外に襲撃した事件を題材にしたものである。

乙次郎はいつのことかは不明だが、自ら名前を八郎と改めた。これは、かつて九州一帯を制覇した鎮西八郎為朝《ちんぜいはちろうためとも》にあやかったものだが、少年らしからぬ壮大な意志が込められていたといえる。だが、彼はこの名前にも満足しなかったと見える。一三歳の時、太宰府天満宮に遊び、神額に書かれた「天満宮」の満の字に感じ入るところがあり、即座に名前を満《みつる》に改めたのである。この時から当分の間、彼は筒井満の名で通すことになる。

一一歳の時、満少年は自宅の庭に楠木正成《まさしげ》にあやかりクスノキを植えた。彼は苗木に向かって、「もし私が世の中に出て大成することができないのであれば、早く枯れてしまえ。もし、私が立派な人間になることができるなら、お前も早く大きくなれ、決して枯れてはいけない」と話しかけたということである。

二度にわたる改名の由来、楠木正成にあやかっての植樹などからして、彼はいずれは大人物になってやるという気概を持って生活していたことが分かる。多くの少年たちもこうした志を抱くのだろうが、彼の場合は人並みを外れていたというべきだろう。これが、将来の豪傑にして無位無官の浪人の出発点であった。

学問を始めたのは七歳のことであった。本人が語るところでは、「兄さんの手習ひの先生に古川友五郎といふ人があつたので、自分も八つ（数え年――引用者註）の時其処《そこ》へ行つて字を習つた。その人が俺が十一の年に手習ひの先生をやめて何処《どこ》かへ養子に行つた。それでその年に滝田紫城といふ学者の所へ又先生取りをして手習ひをした」（『頭山満翁正伝』）。

古川という人物についての詳細は不明だが、滝田は福岡藩に仕えた蘭学者で、漢学・国学・兵学・洋学等にも通じていた。彼は折中義塾（折中堂ともいう）を開いたが、一八七〇（明治三）年の塾生名簿には「筒井満」の名前も見えている。滝田の塾では蘭学の話も聞いたといわれるが、本人によれば四書五経、春秋左氏伝、易経など漢学を主に学んだ。

次いで亀井暘洲《ようしゅう》の家塾に転じた。亀井塾は亀井南冥《なんめい》の息子昭陽《しょうよう》が開いたもので、学問傾向としては徂徠学を基本に朱子学を取り入れており、その学統は「亀門学《きもんがく》」と称されている。暘洲は昭陽の次男で、経学の研究に従事し、特に詩文に優れていたと伝えられている。

亀井塾での「筒井満」の師は暘洲の息子玄谷《げんこく》であった。彼は玄谷のもとで主に陽明学を学んだという。しかし、塾での体験については何も語っていない。

一八七一年、満が一六歳の時、父の従弟に当たる山本兵蔵の養子となった。しかし、間もなく不縁となって実家に戻された。「山本満」の生活は僅か百日ほどで終わってしまった。そして、その二年後の一八七三年の春、満は母の実家である頭山家の養子となった。頭山家は十八石五人扶持の家柄であったが、父の和中《かずち》はすでに他界しており、祖母さは、母歌子、娘峰尾《みねお》の女ばかりの三人暮らしで男手がなかった。そのため、頭山家は満を娘の婿に迎え入れようと願っていた。この時、峰尾は三歳であった。ここに、後世に名を残す「頭山満」が誕生した。ちなみに、頭山が峰尾と正式に結婚するのは三〇歳（一八八五年）の時である。

名前の変遷について述べたついでに、ここで頭山の雅号にも触れておこう。若い頃の彼は「東岳」や「天臣」を名乗っていたとされるが、四〇歳を過ぎてから「立雲」に改めている。ある人物がその寓意を尋ねたところ、頭山は即座に「雲の上に立ちてさやけき月見かな」と書いて示したといわれる。また彼は、生まれたままの姿で雲上に直立すれば、茫漠無涯な自然の展望を味わえるだろうから、その心持を雅号にしたとも述べている。推察するに、頭山は世俗を脱して、何物にもさえぎられない、清らかな心眼の持ち主でありたいと願ったのであろうか。

頭山が一〇歳の時、すなわち一八六五（慶応元）年、乙丑《いっちゅう》の獄が発生した。これは、福岡藩主の黒田長溥《ながひろ》が藩内の勤王派を徹底的に弾圧した事件で、切腹七人、斬首一四人、流罪一六人という厳しい処分を伴うものだった。流罪となった一人に野村望東尼《もとに》（「ぼうとうに」とも）がいる。彼女は歌人である一方、勤王派に深く関わっていたため捕らえられ、玄界灘の孤島・姫島に幽閉された。翌年、高杉晋作の計らいでここを脱出できたが、六七年一二月に六一歳で世を去った。

最後まで勤王の志を貫いた望東尼の名は、後々まで語り継がれることになる。五〇歳近く歳が離れた頭山は、当然面識があるはずはなかったが、必ずやその名前を伝え聞いていたに違いない。「仲々偉かつたらしい」とは彼の後年の言葉である。なお、望東尼を姫島までの護送の任に当たった者の中に箱田六輔がいる。彼は十数年後に、頭山と玄洋社を結成することとなる人物である。

頭山は一六歳の時、高場乱《おさむ》が主宰する興志塾《こうしじゆく》に入った。高場は女性眼科医にして儒学者として知られていた。塾は所在地の名前を取って「人参塾」とも呼ばれていた。現在のJR博多駅付近には「人参通り」「人参公園」があるが、その名称はこの周辺に藩政時代の薬用人参畑があったことから、以前は人参町などと呼ばれていたことに由来している。父の高場正山《せいざん》も眼科医であったが、男児が夭逝したため早くから乱を跡継ぎとして育てる傍ら、自ら漢学の手ほどきをし、さらには一流の師に就かせ武術を学ばせた。乱は男として育てられ、一度は結婚したものの程なく離縁し、その後は生涯男性として生きたことでも知られる。

高場は二〇歳の時分に父の医院を継いだが、この頃から前述した亀井暘洲のもとに学ぶこととなった。亀井塾は身分性別を問わない学風で、実際に女性の弟子も多かったといわれる。高場は亀井塾の四天王の一人と称され、経書はもとより『史記』、『三国志』、『水滸伝』なども学んだという。やがて自ら塾を開いた高場の教育方針は、塾名が示すように、もっぱら青年の志を興し元気を振起するところにあった。そして、その教え方は章句にこだわることなく、大綱を説くのみで、細説は各自の研究に任せるというものであった。

高場乱

頭山が興志塾に入門したのは偶然であった。彼は眼病を患い、その治療のために高場のもとを訪れたのである。本人によれば、治療に通っているうちに高場が塾についていろいろな話をしてくれるので、面白そうに思って入門しようと願い出た。これに対して高場は、塾生たちの中にはすぐに人を半殺しにしたり、島流しになったりするような者ばかりなので、普通の人がいられるようなところではないと断ったが、頭山は逆にますます興味を深めて入門することとなった（『頭山満翁正伝』）。

頭山は興志塾で熱心に学問をしたようである。後に玄洋社で政治的活動をともにする宮川太一郎の述懐によれば、頭山の読書法は「毫《ごう》も章句に拘泥せず、而も其会心の所に至るや、反覆誦読《しょうどく》、夜に継ぐに晨《あした》を以てすると云ふ工合で、之を暗誦するに至らねば息《や》まず」というものであった（『巨人頭山満翁』）。そして、高場の不在時にあっては、浅見絅斎《けいさい》の『靖献遺言《せいけんいげん》』を代講することもあったという。この時の頭山の講義は理義が一貫し、弁析も極めて要を得たものであったといわれる（『靖献遺言』の内容については後に述べる）。いくつかの評伝に基づく限り、頭山の思想的基礎はこの時期に作られたといえるだろう。

†青年時代の読書傾向

ここで、頭山満の青年時代の読書傾向について見ておこう。頭山の評伝では、愛読書として『水滸伝』、『三国志』、『漢楚軍談』、『太閤記』などが挙げられている。また彼は、高場乱の興志塾で代講した『靖献遺言』をはじめ、『和論語』、大塩中斎《ちゅうさい》（平八郎）の『洗心《せんしん》洞箚記《どうさつき》』なども熟読したという。

『洗心洞箚記』は陽明学者である大塩中斎の読書ノートだが、頭山がこれに接したのは後述するように二四歳の時、鹿児島に西郷隆盛の旧宅を訪ねた時のことである。彼は『洗心洞箚記』を全編通じて素晴らしい書物だと絶賛しているが、彼にとってこれは主に人間の生き方を教えるものであった。頭山が例として挙げているのは、「我れ常に一日を以て一年と為し、光陰を歴度《れきたく》す。近ころ古人一日を以て百年と為し、百年を以て一日と為すの語を読むに因つて、道窮りなく、而て学際《かぎり》なきを悟るなり」という文章で、彼はこれが我々の限りある一生を有意義に送るべき教訓を説いたものだと評している。

『和論語』は鎌倉初期の清原良業《きよはらのよしなり》らの編述と伝えられるが、実際は江戸時代の教訓書で、神祇の託宣、天皇・公卿・武将・僧侶などの金言を集めて編集したものである。頭山は同書からは、日常的な教訓を得たものと推測される。それは社会生活における生き方を教えるものでもあり、また国家に尽くすための精神的あり方を教えるものでもあった。

『靖献遺言』の著者である浅見絅斎は、江戸前期の儒学者で山崎闇斎《あんさい》の門人である。同書は中国の屈原、諸葛孔明、陶潜、顔真卿《がんしんけい》、文天祥《ぶんてんしょう》、謝枋得《しゃほうとく》、劉因、方孝孺《ほうこうじゅ》ら八人の忠臣の遺文と略伝を記し、あわせて日本の忠臣、義士の行状を載せたものだ。同書は一七四八（寛延元）年に刊行されたものであるが、幕末に広く読まれ、吉田松陰らの尊皇倒幕論に大きな思想的影響を与えたことで知られる。

頭山が『靖献遺言』を読んだのは十代の頃だが、当時の彼は尊皇主義の時代精神の中で同書から思想的影響を受けたことは間違いなく、彼の国権主義の基礎の一つになったと考えられる。それと同時に、同書は世道の堕落に警鐘を鳴らす書物としても読まれた。頭山が後年、謝枋得の詩「妻子良友に別る」にある「雪中の松柏　愈《いよいよ》青青、綱常を扶植するは此の行に在り」という一文を挙げて称揚しているのは、そのことを示している。苦しい時でも決して節を曲げず国に尽くすという精神が、同書を通じて彼の心の芯に植え付けられたものと考えられる。

頭山は、その言動に世俗を超越した感があることから、世人からは『老子』の愛読者ではないかと思われることがあったという。しかし本人によれば、同書は熟読しておらず、『十八史略』を通じての知識くらいしかないとしている。ただ、「上善は水の若《ごと》し。水は善く万物を利して争わず、衆人の悪《にく》む所に処《お》る、故に道に幾《ちか》し」という文章は、印象深いものとして彼の記憶に残っていた。『老子』は、何事にもあらがうことなく生きることを良しとする点で、頭山の琴線に触れるものがあったのであろう。

評伝では愛読書として取り上げられていないが、頭山は二十歳の頃に『素書《そしょ》』を暗記するほど読んだと述べている。今日、『素書』は一般ではほとんど知られていない書物である。同書は秦代の隠士黄石公《こうせきこう》の作といわれるが、実際にはその註者の張商英の偽作である。

分類上は兵家に属するが、内容は道・徳・仁・義・礼の五者一体を説き、治国の策から処世の仕方にまで至るものであり、後年の頭山の行動の基準となったともいわれる。日本では江戸時代に数種類の注釈書があり、その中には亀井南冥の『素書独断』（一七八六〔天明六〕年）がある。頭山は亀門学の流れの中でこれに接し、後に傾倒していったのではないかと推測される。

頭山は永富独嘯庵《どくしょうあん》の『独嘯囊語《のうご》』も熟読したといわれている。しかし、このことは、頭山自身が直接述べていることではなく、知人である濱地《はまち》八郎《はちろう》が頭山と京都へ旅行した際の思い出を語る中で出た話である。濱地はその旅行時に、頭山が『独嘯囊語』を暗誦していたとし、「翁（頭山を指す――引用者註）は幼い頃に之を読まれたさうだ」と述べている（『巨人頭山満翁』）。そうだとすれば、同書が青年時代の頭山の思想形成に大きな影響を与えたことは確実だと考えられる。

著者の永富独嘯庵は江戸中期の長門出身の人で、名は鳳、字は朝陽、独嘯庵を号としていた。江戸に出て医学を学ぶ一方、儒学を身につけた人物で、医儒両道を極めることを人生の目標としていた。彼は、かつて幕府官憲と衝突して囚われの身となったことがあり、その幽囚時代に書いたのが『独嘯囊語』であった。同書の跋文を書いたのは独嘯庵の門弟で、かつて頭山が学んだ亀井塾の開祖たる亀井南冥であった。『素書』と同様、今日ではこの書物に言及する人は少ないが、かつて杉浦重剛《じゅうごう》は同書を謄写版にして門下生に読ませたというから、国権論者からは注目された一冊だったのかもしれない。

跋文の書かれた年から推定して、『独嘯嚢語』は一七六三（宝暦一三）年に出版された。同書は短編ながら全編漢文で書かれており、「出処」、「道術」、「文武」、「将法」、「時蔽」の五編に分かれている。「道術」においては、士たる者は道を窮めることが必要であることを述べる。著者によれば、「之（道を指す——引用者註）を胸臆に蔵せば、険易に処し、治乱に応じ、百体の心に従うが如し」とされている。また、「文武」においては、「武を離れて文無し」、「文を離れて武無し」として、士たるものは文武を備えるべきだとする。そして、真の士となるには名利の心を除くことが必要だと説かれている。

功利心にかられて憤激してみたり、あるいは名利に憧れて闘うような人物は、真の文武の人ではないというのである。著者は次のようにいう。「情愛は利を好むの根なり。知勇は名を好むの媒《なかだち》なり。情愛知勇を忘れざれば、則ち利名の心を除くこと能わず。利名の心を除くこと能わざれば、則ち其の身を忘ること能わず。其の身を忘ること能わざれば、則ち純白の道見えず」。俗世間の名誉と利益を追求する心は、道を志す士とは無縁のものであらねばならなかったのである。

「独嘯庵」という号には一人うそぶくという意味が込められており、『独嘯嚢語』は永富が内面で真実と考えたものを吐露したという趣がある。頭山は「独嘯庵の医者たるは恰《あたか》も達磨が医者となつたやうなものだ」と述べたという。彼はそこに、悟りと医術の双方を極めた姿を感じ取ったのだろうか。頭山の「国士」としての志操は、この書によって養われたと見ることができるだろう。

2　玄洋社の設立と頭山満

†民権論者への道

　頭山満が興志塾で学んでいた頃、自由民権運動が全国的に広まっていた。それは、板垣退助らがかつての征韓派勢力を結集し、一八七四（明治七）年一月に愛国公党を結成し、民撰議院設立建白書を提出して国会開設の請願を行ったことに始まる。請願は却下されたが、板垣らは故郷の高知に戻り立志社を組織して運動を継続した。彼らの活動は、この後の民権運動の中心となっていく。

　一八七五年二月、板垣は全国の同志の結集を計画して大阪で愛国社を結成した。この結成大会に、福岡からは代表として武部小四郎《こしろう》と越知彦四郎《おちひこしろう》が出席している。両名とも興志

青年時代の頭山

塾に学んだ人物であることからすれば、同塾は福岡の民権運動発生の起源といえるだろう。この後、彼らは大阪から福岡に戻り、同年八月、矯志社《きょうししゃ》（社長・武部）、強忍社《きょうにんしゃ》（同・越知）、堅志社《けんししゃ》（同・箱田六輔、彼は矯志社にも所属）を組織した。頭山は矯志社の社員となった。同社の盟約書は次のようなものであった。

今般此の矯志社を建設し糾合一纏《いってん》肝胆を錬磨し諸般の義務を一途にし、関、玄、張が桃園の盟誓に擬《なぞら》へ以て生死を共にせんと天地神明に誓ふ。（『頭山満翁正伝』）

ここでいう「関、玄、張」とは、関羽、劉備玄徳、張飛を指している。このことからは、彼らが三国志に見られるような義侠集団的な気概を持っていたことを感じ取ることができる。頭山はこのような形で政治運動に関わることとなったのである。

当時は士族の反乱も続発していた。一八七四年二月一日、佐賀の乱が勃発する。かつて、板垣らと国会開設運動に加わった江藤新平らによるものだったが、反乱はわずか二十日ほどで平定され、江藤は処刑のうえ梟首《きようしゆ》された。次いで、七六年一〇月二四日には熊本で神風連の乱が起き、同月二七日にはこれに呼応する形で秋月の乱が発生したが、いずれも政府軍によって短期間で鎮圧された。

一〇月二八日には、元参議の前原一誠《まえばらいっせい》らによる萩の乱が勃発した。反乱は一一月六日までに鎮定された。矯志社は早くから前原らと気脈を通じていたが、彼らは呼応して決起することはなかった。頭山は前原の拙速さを惜しみつつも、その誠実な人格を称え、西郷隆盛に匹敵するほどの志を持った人物として評価していた。他方、前年一一月七日、矯志社社員が「兎狩り」と称する武闘訓練の帰りに福岡鎮台との間でトラブルを生じて以来、警察当局は彼らを警戒しており、事あらば弾圧しようと画策しているところであった。

そのような時、矯志社では「岩倉、大久保のような者を始末してしまえ」とする意図を込めた建白書を持って上京するという計画が出ていた。しかし、警察が事前に察知したらしく、一一月七日に家宅捜索を受けた箱田が捕らえられた。「大久保を斬る事」と記した文書が見つかったためであった。そして翌日、不当逮捕だと抗議のために警察に赴いた頭山もまた、「吟味の必要あり」としてそのまま拘束されてしまった。彼を含めて、捕らえられた者は一〇人に及んだ。当初、頭山らは福岡で投獄されたが、翌年二月の西南戦争の勃発を機に、当局は破獄を恐れて萩の監獄へと移送した。

一八七七（明治一〇）年三月二七日、福岡の変が発生した。これは西郷隆盛の決起に呼応するもので、中心となったのは民権運動の志士である武部小四郎と越知彦四郎だった。武部の父は乙丑の獄で処刑された人物であった。反乱は、初めから政府軍に圧倒され、四月に入り多くの戦死者を出す中で平定された。武部と越知は捕らえられて処刑された。彼らと親密な関係にあった頭山は、獄中にいなければおそらく決起に加わっていたと推察される。たまたま、箱田、進藤喜平太《きへいた》らとともに捕らえられていたため、後の玄洋社の成立は可能となったのである。なお、頭山は獄中で母の死を知ることとなった。彼は弔いのため五〇日間食事を精進し、自宅から墓参りをする道のりを測って、その距離を毎日牢内を行ったり来たりして歩きまわったという。

矯志社社員の逮捕と福岡の変に当たり、高場乱も関与を疑われて福岡県令である渡辺清の命によって引致され、門人に対する取り締まりの不行き届きを責められた。これに対して高場は、「不行き届き」は認めるとしつつも、それと同様に、県令がその管下において謀反人を出したこともまた職務上の責任を問われるべきだとして、「不肖この高場と同様、県令殿にも罪過を仰せ付けられ、私の白髪首と県令殿の首とを並べて貰いましょう」と啖呵を切った。その結果、高場は留置一日で釈放された。

西郷隆盛が自刃した九月二四日、頭山らは嫌疑不十分として釈放された。彼らは福岡に戻ったが、今後の問題は矯志社の社員たちがいかにして団結を維持し続けるかであった。そのためには、まず衣食の費用を得ることが必要となった。そこで、彼らは玄界灘に突き出た海の中道にある官有地を払い下げてもらい、木材の伐採事業を行うべく開墾社を作った。彼らは山林から伐り出した材木を、建築用あるいは薪として船で博多に運び、売却することで資金を得ようとした。

しかし、これも「士族の商法」の類いで収支が合わず、一年半で閉鎖のやむなきに至った。これと同時に、青年たちの教育・練武のために向浜《むこうはま》塾が開設され、頭山のほか進藤喜平太、奈良原至《いたる》、来島恒喜《くるしまつねき》らが幹部となった。真言宗僧侶の和田玄順《げんじゅん》が教師として『靖献遺言』などを学生に講じたという。

頭山に大きな転機が訪れた。一八七八年五月、大久保利通暗殺の報せが彼のもとに届いたのである。野良仕事をしていた頭山は、即座に高知へ向かう決心をした。板垣に決起する意志があるかを確認するためであった。門司に出て、船で愛媛に渡り、そこから高知までは徒歩で向かった。高知到着後、早速、板垣に会ったものの、その答えは頭山の予想に反したものであった。板垣は、「あの西郷でさえ失敗したのだから、今後は武力で志を遂げることは難しい」と述べたのである。

意気込んで高知に乗り込んだ頭山であったが、これからは言論によって自由民権を旗印

青年期の板垣退助

として、藩閥政治と闘わなければならないと板垣は説いた。当時の頭山は尊皇攘夷の一点張りだったが、憲法を作り責任内閣制の下で天皇を神聖にして冒すべからざる地位に置くのだとする板垣の意見は、君側の奸を払うという点では反論の余地はなかった。頭山は納得せざるを得なかった。

この年の九月、立志社が中心となって、大阪で愛国社の再興大会が開かれた。かつての愛国社は、板垣が参議に復帰したこともあって自然消滅していたのである。この大会に、頭山は高知から福岡代表の一人として大阪に向かった。福岡からは他に進藤、奈良原らが参加した。大会の結果、各地において民権結社の組織化が促進されることとなり、福岡では向浜の組織に代えて向陽社《こうようしゃ》が結成された。翌年一月、社員間の公選によって箱田が社長に就任し、頭山は幹事に就任している。向陽社は、当時においては立志社と双璧をなす民権結社であったと評価されている。また、教育によって民権を広めるべく向陽義塾を創設しているが、講師の中にはかつて頭山の師であった高場乱や亀井玄谷らがいた。入学者は青森、新潟、長野、鹿児島からもあったという。

向陽社から玄洋社へ

頭山満の高知滞在は数カ月に及んだ。その間、彼は立志社の会合で飛び入りで演説を行っている。寡黙な人物としてのイメージが強い彼にしては珍しいことだといえる。また、高知滞在中は、杉田定一《ていいち》、栗原良一、河野広中《ひろなか》、竹内正志、大石正巳、植木枝盛《えもり》といった各地の民権論者と交わりを結ぶことができた。とりわけ、立志社の理論的指導者である植木と知り合えたことは、その後の玄洋社結成に向けて大きな一歩となるものであった。

植木の日記に頭山の名前が出るのは、一二月に入ってからのことである。二六日の条には「頭山と偶《あ》ふ」とあり、その後もしばしば「頭山満来る」、「頭山満を問（訪）ふ」という記述が見られる。ある日、頭山が街で会った際に「君、僕の国に行って演説してくれないか」というと、植木は「よし行こう」と答えたという。できすぎた話だが、案外そんな具合だったのかもしれない。ここに、植木の福岡訪問が決まった。この植木招聘は頭山の独断だったとする説があるが、実際そうだった可能性も高い。そのことは、この時の頭山は当初、弁護士で民権活動家として

植木枝盛

知られていた北川貞彦を福岡に連れて行く予定でおり、福岡到着後は箱田六輔に「一人でも困るのに、そんなことをしちゃ困るね」といわれていることからも推察される（『頭山満翁正伝』）。

植木が福岡に到着したのは一八七九（明治一二）年一月四日のことであった。植木日記の翌五日の条には、「朝福岡本町向陽社に行く。本日同義塾開校式をなすに付、社員は勿論生徒及傍観者等大勢群衆す」と記されている。二〇日からは向陽社で「泰西国法論」の講義を始めている。植木は講義のほかに数回の演説会を行い、三月一八日に福岡の地を離れた。当地滞在中、植木は自身の代表作である『民権自由論』の草稿を書き上げているが、彼の講義と講演会は福岡の民権運動を高める役割を果たしたといえるだろう。

一八七九年三月二七日、大阪で愛国社第二回大会が開かれた。当時、向陽社の中には、愛国社に参加すべきか否かをめぐって意見の対立があった。すなわち、従来の教育主義を中心とすべきだとする「正論党」と、政治をも論ずべきだとする「激論党」の二派によるものであった。大会には三名の代表（氏名不詳）が参加したが、彼らは正論党の人々であり愛国社への加入を見送った。ところが、大会には十数名の激論党のメンバーも出席しており、彼らは「正倫社《せいりんしゃ》」という名義で愛国社に加盟した。向陽社は愛国社に加盟するための全体的合意を得ることができなかったため、「正倫社」を替え玉としたのである。石瀧豊美の研究によれば、正倫社こそ玄洋社の直接の前身であったとされる（『玄洋社』）。

愛国社第三回大会は一八七九年一一月七日から一三日まで開かれ、向陽社第二代社長である平岡浩太郎が正倫社の名義で出席した。この大会では、国会開設実現を目標とする全国規模の請願運動を組織することが決定された。これと同じ頃、福岡では筑前共愛公衆会（単に共愛会ともいう）の設立の動きがあった。その発端は、同年一月に向陽社のメンバーが条約改正について政府に建白するため、「筑前州民会議」の開催を呼びかけたことにある。その準備の過程で、併せて国会開設についても建白を行う方針に転じ、その結果として一二月八日に共愛会を創立し、会長には小野隆助《りゅうすけ》が就任した。共愛会は翌年一月に、条約改正・国会開設の建白書を元老院に提出しているが、これは全国的に見てもかなり早い時期に属するものであった。

一八七九年一二月、玄洋社が設立され、社長には平岡浩太郎が就任した。社屋は向陽社のものを引き継いだ。玄洋社の設置届が成されたのは翌年五月のことで、当初の社員数は六一人であった。同時に制定された「玄洋社憲則」は以下のようなものであった。

第一条　皇室を敬戴《けいたい》す可《べ》し
第二条　本国を愛重す可し

第三条　人民の主権を固守す可し

後に、第三条は玄洋社自身によって「権利を固守す可し」と改められるが、それは一見したところ「皇室敬戴」、「本国愛重」と矛盾するかのようである。しかし、藩閥政治・有司専制の下では尊皇精神はもはや失われたに等しい。そのため、今ここで御誓文を奉じて公議輿論《よろん》を興し、民衆を政治に参与させることは、皇室を永遠に安定させることにつながるのであって、憲則の三カ条はそれぞれ矛盾するものではなかった。頭山の考えも、おそらくこれを超えるものではなかったと考えられる。

このように、玄洋社は当初、自由民権を唱える緩やかな政治結社であった。後年、『玄洋社社史』は、一八八六(明治一九)年八月に長崎で起きた清国水兵事件に憤慨し、民権を捨て去り国権へ転じたと記している。しかし、事実がそのように単純なものでないことは、今日ではほぼ共通の認識となっている。また、「転向」があったかどうかを問うこと自体、さほど意味あることとはいえないのではないか。むしろ、当時において民権と国権は表裏の関係にあったので、これを「転向」として殊更に強調する必要はないと思われる。

玄洋社の「憲則」には、アジアとの連帯は掲げられていない。しかし、その対外政策の特色がアジア諸国の近代化と独立達成の支援にあったことは間違いない。そして、民権と国権が不可分一体である中で、三カ条の憲則に基づきアジアに接近していったことが、彼らの主張に連帯と侵略の両面性を持たせることになったといえるだろう。

ところで、玄洋社においては箱田、進藤喜平太、平岡、頭山の四人が元勲と見なされ、この後の重要な役割を担うことになる。しかし、箱田と平岡の間には向陽社時代に、社名をめぐって深刻な対立があった。すなわち、「向陽」とは「天日に立ち向かう」意味であり、不忠につながるとの意見があったのである。それがいずれの主張であったと明示する資料は見当たらないが、政治的立場と状況から判断して平岡の主張であったと推測される。この時、頭山は仲介に入って箱田に譲歩させたというが、高場乱が両人を諌めた手紙(一二月二日付)も大きな力となったとされる。それは以下のようなものである。

予不才と雖《いえど》も、幼時より威武富貴も志を動かさざるは、諸君の知る所なり。強きを畏れ弱きを抑うるは、君子為すべからず。然り而して諸君目前の利に於いて、微々たる塾名之を争う。嘆ずべき哉。予が大意清明の論、猶《なお》明白ならずんば、三日利刀を提《さ》げ私堂に来《きた》るべし。白髪を洗い少分の一首を進ずべし。諸君を戒む、後世の笑い懼《おそ》れざるべけんや。(頭山統一『筑前玄洋社』より引用。原文は漢文)

「目前の利」のために「微々たる塾名」を争うといわれては、反論の余地などあるはずはなかった。箱田と平岡はこの諫言には従わざるを得なかった。結局、両者の和解の上に、玄洋社が成立したのである。

頭山は玄洋社成立の年にはまだ二四歳であった。その後、社長の地位は進藤、平岡、箱田と受け継がれていくが、中には頭山を推す声もあった。しかし頭山は、「自分よりも長老がいるのに、自分が社長などになるべきではない。進藤は社長として最も適任なので、彼に社員の面倒を見てもらうべきだ」と断った。彼は玄洋社においては一貫して裏面にあって、実質面の運営に当たろうとした。

†西郷隆盛への心酔

一八七九（明治一二）年一二月のことだが、頭山満は鹿児島に西郷隆盛の旧宅を訪ねた。当時、西郷家を取り仕切っていたのは、種子島の人で川口雪篷《せつぽう》という人物であった。当時六〇歳だったが、頭山は七〇歳くらいに見えたと述べている。川口は頭山に来意を問うと、「西郷先生に会いに来た」と答える。西郷はもう死んだのだというと、頭山は「西郷先生の身体は死んでも、その精神は死なないはずだ、私は西郷先生の精神に会いに来たのだ」と答えた。すると、川口は「西郷の精神に会わせてやろう」といって書斎に招き入れたという。そして、川口は頭山に次のように述べた。

十年役（西南戦争——引用者註）前の鹿児島は、有用の人材輩出せしも、今や、禿山と一般、人才一空、復言《また》ふに忍びざるなり。樹を植ゆるは、百年の計なり。想ふに西郷の如き巨人は、百年又は千年にして一たび出づるもの。而して、斯人再び見る可からず。（黒龍会『西南記伝』）

川口は今や鹿児島に優れた人材のないことを嘆いたのだ。そこで頭山は、西郷の書籍を見せてくれるよう求めた。すると、川口は『洗心洞箚記』を差し出し、これは西郷が流刑中に愛読したものだと告げた。前述したように、『洗心洞箚記』は大塩中斎の著作だが、川口自身も陽明学に通じており、その書の価値を知っていたはずである。早速頭山が本を開いてみると、西郷が何度も読み返したらしく破損した箇所もあったが、中には西郷自らが書き入れた註もあって、これは是非とも拝借して読まなければならないと思った。そこで、頭山は鹿児島を離れる際に、雪篷に一言述べた上で同書を持ち帰ったのである。

さて、近代日本のアジア主義の起点を西郷に求めることは、今日においては有力な説になっている。しかし他方において、彼は征韓論者としての「悪名」をも背負っている。この相反するかに見える立場は、どのように理解すればよいのであろうか。ここで、その問題に少し触れておきたい。

まず、征韓論について述べよう。明治政府は成立間もなく、朝鮮に対して新政府発足の通告と国交を望む交渉を行おうとした。しかし、日本の外交文書がそれまでの形式と異なることを理由に朝鮮側の拒否に遭っていた。その後の数回にわたる交渉も難航し、さらに朝鮮に反日の気運が高まると、日本国内にも「征韓」の主張が高まることとなった。当時、政府首脳は「岩倉使節団」として欧米を視察中であり、留守政府内で征韓論が議題に上った時、板垣退助は派兵と同時に使節を送って談判すべしと主張していた。

西郷隆盛

しかし、当時の政府においては、武力によって朝鮮を日本に従わせようとする意見ばかりだったわけではない。政府の中には、日本と朝鮮が提携しない限り列強への抵抗は不可能だと考えて、直接朝鮮に赴いて談判すべしとする主張があったのである。それは、両国がまず交渉を行うことが必要だとするものであって、武力行使を前提とするものではなかった。このような立場を代表するのが西郷であった。

西郷は板垣のように先に派兵を行うことは穏当ではないとし、まず高官の使節を派遣して反省を迫るべきで、彼自らが全権大使となって、一兵も携えずに朝鮮に渡り使命を果たしたいと訴えた。しかし、彼が内治優先派との政争に敗れ、下野するところとなったことはよく知られている。西郷は日本と朝鮮の連帯を前提としており、他の征韓論者とは立場を異にしていたということができる。

しかも、西郷の関心は朝鮮だけに留まらず、広く東アジアの秩序にも関わるものであったといわれている。それは西洋列強との対決を意識したものであった。頭山も、「明治の初年すでに大東亜の建設を志し韓清と親善して露国の南下を抑へやうとしたのが南洲一派だ」(『頭山満翁正伝』)と述べており、同様の見方をしていたことが理解される。後年、北一輝は西南戦争を明治維新の継続を求める第二革命と見なしたが、藩閥政府に反発する当時の民権論者、そして頭山にもそうした考えがあったものと見られる。

西郷は日本が西洋型の亜流帝国になることを強く拒絶し、それとは全く異質の東洋流の王道国として発展しなければならないと考えていた。もちろん、ただ伝統に固執すれば良いわけではなく、独立の確保には近代化も必要となる。しかし彼は、西洋文明は選択的に受容すべきであって、政治や外交面では「東洋王道主義」を採るべきだと考えていた。このような西郷のアジア的文明観が、対朝鮮外交の基底にあったと見られる。また、西郷は次のような文章を残している。

文明とは、道の普く行はるゝを賛称せる言にして、宮室の壮厳、衣服の美麗、外観の浮華を言ふには非ず。世人の唱ふる所、何が文明やら、何が野蛮やら些《ち》とも分らぬぞ。〔中略〕実に文明ならば、未開の国に対しなば、慈愛を本とし、懇々説諭して開明に導く可きに、左は無くして未開蒙昧の国に対する程むごく残忍の事を致し己れを利するは野蛮ぢやと申せし〔下略〕。（山田済斎『西郷南洲遺訓』）

後年、頭山はこの文章についての講評で、「自由民権論の勃発時代、僕等が〔中略〕筑前の一角に『玄洋社』を起したのも、精神は西郷先生の道義主義、日本主義と何等の変りはない」と述べている（『大西郷遺訓』）。彼は西郷の東洋王道主義を積極的に受け継ごうとしたことが理解される。また、西郷の遺訓にある「命もいらず、名もいらず、官位も金もいらぬ人は、始末に困るもの也」という有名な一節は、頭山のこの後の「豪傑」といわれる生き方そのものであった。

3 玄洋社における諸活動

†頭山満の「一刀流」

一八八〇（明治一三）年五月、頭山満は進藤喜平太ら玄洋社社員数名とともに上京し、芝口一丁目（現在の新橋あたり）の旅館田中屋に投じた後、牛込左内坂に一戸を構えた。田中屋滞在中には杉山茂丸と知己になった。この時、杉山が縦縞のフランネルの単衣《ひとえ》にシルクハットという珍妙な姿で現れたことは有名な逸話である。頭山は、六月から東北・北陸を漫遊し、各地の民権運動家と意見交換を行った。福井では、高知滞在中に知り合った杉田定一の自郷学社を訪ねている。

一八八一年一〇月一二日、国会開設の詔が発せられ、同月二九日には自由党が結成された。九州では翌八二年三月、熊本の相愛社を中心に九州改進党が組織される運びとなった。当時、民権派の流れを汲む相愛社は同じ熊本の紫溟会《しめいかい》と対立状況にあった。紫溟会は井上毅《こわし》らの画策により、佐々友房《さっさともふさ》を中心に結成された国権主義的傾向を持つ団体であった。頭山は、この二つの組織を和解させる必要があると考えていたようである。しかし、相愛社は九州改進党を自由党の九州支部のごとき組織にしようと考え、紫溟会を除外して結成大会を行った。このことが、頭山に強い反発を生じさせることとなった。

三月一二日に熊本で開かれた結成大会には、玄洋社から頭山と箱田六輔が出席した。当日の模様を頭山は次のように述べている。

九州有志大会（改進党結成大会を指す――引用者註）には箱田と俺が行つた。相愛社と玄洋社とは仲がよかつたし俺は又佐々と懇意だつたので、この大会に佐々も加はらせようとした。佐々も承知してやつて来た、鹿児島、佐賀、大分、熊本皆集まつた。ところが彼等が佐々を嫌ふ、俺を二刀流だといふ、俺は大きな声で「二刀流は困るか、それぢや頭山の一刀流の冴えを見せてやらう」と起ち上つて箱田に「こんな面白くない奴のところにはゐるな！　帰れ！」と階下に降りた。箱田は寝耳に水で当惑して降りて来ぬ。俺は又戻つて「箱田帰れ！」と疾呼したので箱田も一緒に帰つた。（『頭山満翁正伝』）

箱田は玄洋社内では最も徹底した民権論者だったといわれており、社長の立場からは民権派の幅広い連合の必要性を望んでいたため、この時の頭山の激しい怒りには困惑を覚えたことであろう。

評伝では、九州改進党大会における途中退場は、頭山の民権主義から国権主義への転換を示しているとする。しかし、この時の彼の行動を思想的立場と結びつけて判断することは難しいのではないか。むしろ、それは人間関係に依拠していると見るべきであろう。頭山が佐々を知ったのは高知から帰った後のことであり、話をするうちにその主張に同意するようになり、彼を「天下の人物」として評価し、親密に交わるようになっていたという。彼の個人的な親交が、組織を越えた独自の行動となったと考えられる。

また、頭山は大会での途中退出の後、「玄洋社は相愛社と別れた」と述べている。しかし、これは事実と反している。というのは、玄洋社自体は九州改進党に非加盟ながら、これと友好関係を保ち続けていたからである。むしろ、当時の資料からすれば、玄洋社の大多数は紫溟会に反感を抱き、相愛社と提携すべきだと考えていたことが判明している。頭山は社内で孤立していたというのが実態であった。

さて、玄洋社はこの頃から対外問題に関わり始めることになる。そのきっかけとなったのは一八八二年七月に発生した壬午《じんご》軍乱であった。これは、朝鮮の開国政策を採る閔氏《びんし》政権に対する大院君《だいいんくん》のクーデターであったが、その過程で日本公使館の焼き討ちと日本人殺害があったため、国内では憤激の声が上がっていた。そこで、平岡浩太郎は野村忍介《おしすけ》らと謀って義勇軍を組織・派遣しようと試みた。野村は西南戦争で西郷軍に加わった人物であった。彼らはまず先発隊を送ることとし、一般の旅客の服装をさせて船に乗り込み、船が玄界灘に乗り出した頃を見計らって、船長を威嚇して船を乗っ取って対馬に行かせた。そして、当地で同志を乗り込ませて釜山に到着したが、その時はすでに日朝間の交渉は終わっていた。義勇軍の派遣計画は失敗に終わった。

この事件のあった後、中江兆民、末広重恭《しげやす》（鉄腸《てっちょう》）、樽井藤吉《とうきち》らが大陸活動を画策し、平岡と頭山に相談したと『玄洋社社史』は記している。これに対して頭山は、中国問題を処理すれば朝鮮問題は自ずと解決するとして賛意を示したといわれる。もしそうだとすれば、頭山はすでにアジア問題に関心を寄せていることになるのだが、発言の真否を含めて詳細は分からない。また、その活動には玄洋社から九〇名、相愛社から六〇名参加したとされるが、それを証拠立てる資料は今のところ見当たらない。

この大陸活動計画の延長線上にあったのが、一八八四年八月に上海に創設された東洋学館である。これには、玄洋社関係者のほかに樽井、佐々、中江らが参画している。上海滞在中だった中江は、しきりに国内の友人に資金援助の要請を行っており、頭山もそれに応えてかなりの金額を送ったといわれている。しかし、東洋学館は当初から日本政府の認可や支援を得られず、その後、興亜学館、亜細亜学館と名を変えて継続を図ったが、八五年九月に至り学生募集を停止し解散した。東洋学館はわずか一年しか存続できなかったが、後の日清貿易研究所や東亜同文書院の先駆けと見ることもできる。

さて、先に頭山が玄洋社内で孤立していると述べた。そして、このことが箱田との対立を生み出すことになる。箱田は頭山が佐々と交流することを認めるとはいえ、社長の立場からすれば玄洋社は相愛社と緊密な関係を作っていく必要があった。しかし、頭山は「頭数《あたまかず》」すなわち多数を良しとする箱田の考えには否定的であった。少数であっても高潔な道を選ぶべきだとするのである。「頭数の奴は霧か霞かと消え失《う》せても俺は決して消えはせぬ」。頭山はこう述べて、箱田に向かって自分を取るか「頭数」を取るのかを迫った。この時、箱田は「俺も頭数の男ではない」として、頭山の考えを認める以外にはなかった。しかし、相愛社との情義を重んじる箱田は悩み続けることになる。

その後、一八八六年に安場《やすば》保和《やすかず》が福岡県令（後に知事と改称）となり、頭山が彼と結ぶに至って、箱田は頭山を批判する相愛社との関係調整に一層苦しむことになる。頭山―佐々―安場の交流は、玄洋社と政府権力との妥協のように見られることとなり、その批判の矛先は箱田に向けられたからである。悩み続けた彼は、ついに割腹自殺を遂げた。一八八八年一月一九日のことであった。頭山の孫に当たる統一《もとかず》は、著書において「箱田に死を選ばせたのは頭山である」と明確に述べている（『筑前玄洋社』）。結果的に、頭山

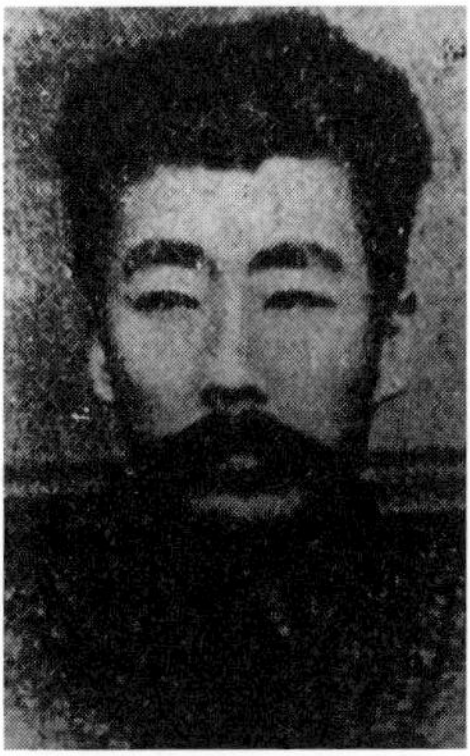
箱田六輔

の「一刀流」は箱田を死に追いやったともいえるだろう。

頭山は箱田を「剛直で正直、親切、常に表面に立つて忠実に献身的に働いた立派な国士」だったと評している。しかし、彼の死を知った時はどのような感情を抱いたのだろうか。頭山は自らの心情を表すことはなかったが、統一は頭山が後にしばしば語っていた「一人でいて淋しくない人間になれ」という言葉には、この時の彼の心境に通じるものがあるのではないかと記している。

†条約改正案反対運動

玄洋社は当初、福岡の一地方結社に過ぎなかったが、一八八六（明治一九）年五月以降の条約改正をめぐる問題において、同社は一躍世間の注目を浴びるようになる。条約改正問題は、明治維新以来の日本政府にとっての懸案であった。一八八五年一二月に成立した伊藤博文内閣（外相は井上馨《かおる》）は、早速この問題に取り組んだが、政府の外交姿勢と一般国民の考えとでは大きな開きがあった。すなわち、井上の案では関税自主権の回復だけが目的とされており、法権については日本の裁判所に外国人裁判官の任命を約して、列国の同意を求めようとするものであった。

こうした案に対しては、朝野を挙げての反対運動が起こり、伊藤内閣は一八八八年四月に総辞職した。続いて成立した黒田清隆内閣は、大隈重信を外相に任用したが、条約改正案は井上案を部分的に修正したものに過ぎず、しかも、極秘のうちに条約交渉が進められていった。ところが、一八八九年六月、外交交渉の実態が『ロンドン・タイムズ』の報道によって明るみに出るや、国民の間では「屈辱条約外交」として以前にもまして反対運動が盛り上がることとなった。最も問題にされたのは、大審院（現在の最高裁判所に相当）の判事に外国人を任用するという点であった。

大隈らによる条約改正案の内容が伝えられると、玄洋社はこれを国家の一大事と考えて、中止に追い込むべく反対運動に取り組むことになる。玄洋社が改正案を不可とする理由は、香月恕経《かつきじよけい》が起草した以下の意見書に現れている。

第一　我が主権を毀損すること
第二　憲法の精神に違反すること
第三　行政の大権を汚衊《おべつ》すること
第四　治外法権の撤去を期し難きこと
第五　内政干渉の門を開くこと
第六　一切課税の権を得ざること

来島恒喜

平岡浩太郎、進藤喜平太らは福岡にあって運動の組織拡大を図る一方で、頭山は玄洋社を代表して東京で運動に直接携わることとなった。上京した頭山は、松方正義や伊藤博文と面談して、反対運動に加担するように説得に当たっている。玄洋社だけでなく、急進的な民権主義者、国権主義者など広範な勢力が運動に加わり、世論は大いに盛り上がりを見せることとなった。

しかし、黒田首相と大隈外相の改正方針には変化はなく、反対運動は行き詰まりを見せていた。そのような状況の中で、ある日の会議で頭山は、「屈辱条約の締結は断じてやらせてはならない。余は政府をしてやらせぬことに決めた」と発言した。強い意志を込めた言葉であった。この発言は、引き続き生じる直接行動を暗示するものであったといえる。

頭山はこの後、大井憲太郎を訪ね、人を介して来島恒喜に爆弾を提供させた。来島は頭山とは興志塾以来の知己であった。そして、一八八九年一〇月一八日、来島は霞が関で大隈の乗る馬車に爆弾を投げつけ、その場で自決して果てたのであった。実行犯が玄洋社社員だと判明すると、警察は有力な社員を続々と検挙した。検挙者は東京で約三〇名、福岡で約六〇名に上ったという。

しかし、厳しい取り調べにもかかわらず、遂に誰一人にも累が及ぶことはなかった。社員による徹底した機密保持はもちろんであるが、テロ実行前に玄洋社に退会届を出すなど、来島の周到な準備によるものでもあった。なお、頭山は条約改正反対の集会に参加するため大阪に滞在中で、二〇日夕方に当地で検挙されたが、「事件に関係なし」と判断されて、その日のうちに釈放されている。

一一月一日、来島の葬儀が福岡の崇福寺で営まれた。来島宅を出た葬列は寺に至るまでの道で、しばしば人垣に阻まれたといわれる。葬儀には千人を超える参列者があった。葬儀において、頭山は棺を前にして「天下の諤々《がくがく》は君が一撃に若《し》かず」と弔辞を述べたが、この言葉は長く玄洋社社員に語り継がれたという。

†選挙干渉事件

先に述べたように、これまで玄洋社は一八八〇年代後半に民権論から国権論に「転向」したとする説が多かったが、必ずしもそうはいえないものであった。むしろ、国権と民権を対立するものとしてではなく、一体不可分の概念と見るならば、それは転向というよりも、いずれの側面の比重が増すかという現象であったといえるだろう。

頭山満の場合はどうかといえば、佐々友房や紫溟会との交流、そして九州改進党大会での行動などが示すように、すでに国権主義的傾向を強めていた。それは国会開設後の議会運営への不満、そして選挙干渉への関与となって現れる。以下において、そのことを見ていくことにしよう。

一八九〇（明治二三）年七月一日、第一回の衆議院議員選挙が行われた。玄洋社の中には頭山に出馬を要請する声も上がり、社員によって被選挙資格を充たすための準備も行われたが、彼は「俺を議員にする事はならぬ」としてこれを受け付けなかった。福岡では、玄洋社からは小野隆助、香月恕経、権藤貫一《ごんどうかんいち》の三人が当選した。だが全国的に見れば、総議席数三〇〇のうち民党系が一七一議席を占め、玄洋社を含む吏党系を上回った。この結果、一一月二九日から開かれた第一回通常国会、すなわち第一議会での山県有朋内閣は多難な国政運営を強いられることになった。

果たして、民党はこれまでの怨みを晴らすかのように、政府の提出した予算案をことごとく削減する手段に出た。一二月六日、山県首相は施政方針演説を行い、「国家の独立を保持し、国勢を振張する」ため、「一に主権線を守禦し、二に利益線を防護する」必要があるとして、多額の軍事予算の必要性を説明した。これに対して民党は「民力休養」「経費節減」を掲げ、政府原案を大幅に削減した予算案を提示して議決させた。窮地に陥った山県内閣だったが、自由党土佐派の寝返りに助けられて、歳出削減幅を六五一万円に縮小する修正案が採択された。

第一議会閉会後の一八九一（明治二四）年五月六日、山県は総理大臣を辞職し松方正義がこれを継いだ。松方内閣の下、九一年一一月二六日に開会された第二議会では、海軍予算の拡張をめぐって民党と政府が鋭く対立した。しかも、樺山資紀《かばやますけのり》海相のいわゆる「蛮勇演説」があって混乱する中で、衆議院は民党が主張する予算大削減案を可決した上で、一二月二五日に解散し、翌年二月に総選挙が行われることとなった。

第二回総選挙では、松方内閣の内相である品川弥二郎《やじろう》と次官の白根専一《せんいち》とが指揮を採り、民党候補者に対する大規模な選挙干渉を行った。品川は地方長官に対して、政府反対の議員の選挙区では有力な対立候補を立てて応援し、政府反対の議員の当選を極力妨害することを内々に訓示しており、警察による戸別訪問や投票勧誘、民党候補者の演説会場の襲撃、さらには民党運動員に対する傷害行為などが行われた。その結果、多数の死傷者を出すこととなったのである。

福岡では、玄洋社も民党排撃に積極的に関わることとなった。かつては民権運動の先端を行った玄洋社が、この時は政府の側に付いたのである。前述したように、当時の福岡県知事は安場保和であった。頭山は初めて会った際、安場を「役人でも存外話せる」人物だと評したといわれ、彼には格別な信頼を寄せていた。このことを知った松方は、安場を介して頭山に選挙介入を委嘱することとなった。頭山と松方とはすでに見知っていた。後年、頭山は当時の考えを次のように述懐している。

自分は元来尊皇主義の民権論者であるが二十五年の総選挙に際しては、過激主義者の団体(「国体」の誤りか——引用者註)を破壊せんとするを慮り、之を黙視する能はず、熊本の国権党と相提携して、時の政府を掩護《えんご》し、自由改進連盟の民党と闘つたものである。[中略]当時自分は東洋に於けるわが国威の失墜しつゝあるを慨し、対外進取の経綸を尽し時の政府をして自主的外交の方針を樹立せしめ、大いに国権を張らんことを期したものである。(『頭山満翁正伝』)

頭山は「尊皇主義の民権論者」を自称するものの、実際の行動では民党に武装して敵対する玄洋社の最高司令官だった。このような事態に至ったことによって、民権派の中にはその「転換」を惜しむ声が上がったというが、彼は自らの信念に基づいていた。すなわち、彼の行動は「国威失墜」への憂慮と「対外進取」の精神がその主たる要因となっていたのであり、強力な国家創出への願望がその基底にあったといえる。「何でもよい、海軍拡張さえ出来ればよいので、私《わし》にしては吏党も民党もないのじゃ。国家の為によければ、それでよいのじゃった」という頭山の発言は、そのことを象徴的に表しているといえるであろう（頭山満・薄田斬雲『頭山満直話集』）。なお、この時の頭山の奮闘によって、彼の「壮士」としての評価が高まったことはいうまでもない。

選挙干渉事件にからんで、『読売新聞』が頭山を主義節操に欠け、人格下劣だと非難したことがある。すると、これに義憤を抱いた玄洋社社員である山崎和三郎ら四人が、東京で同紙主筆の高田早苗を日本刀で襲うという事件が起きた。裁判では頭山の関与も問われたが、本人の与り知らぬところで起きた事件であった。ただ、大隈重信襲撃に継ぐこの事件によって、玄洋社にテロと暴力というイメージが定着したことは否めない。

†政界と距離を置く

一八九二（明治二五）年二月一五日の第二回衆議院選挙は、政権による激しい干渉にもかかわらず民党が多数を制した。この結果を見て、藩閥政治家の中からも不満の声が上がった。枢密院議長の伊藤博文は選挙干渉非難の声明を発表し、自らの職を賭してまで責任者の処分を要求したため、品川弥二郎は内相を辞任することとなった。責任を問われた松方首相は、政府による選挙干渉の事実はないと強弁し続けた。しかし、第三議会の政権運営は迷走を極め、七月三〇日、松方は閣内不一致を理由に辞表を提出した。

これまで、頭山満は松方に多大な期待をかけていた。彼は三〇歳前後の時に初めて松方を訪ねた時、彼に向かって「本当の誠心、本当の道を以て［中略］興国の魁《さきがけ》になつて貰ひたい」と述べていた（『頭山満翁正伝』）。選挙干渉を行うに当たっては、日本国中を敵に回しても戦い抜く覚悟があるのかと問いただし、できないことでも実行する決意を示せと迫っていた。しかし結局、頭山は松方が期待に反して、本質的に弱い人物だと感じた。そして、第三議会での首尾一貫せず、不得要領の姿勢を取る松方の姿を見て頭山は失望するに至ったのである。

それではなぜ、頭山は松方に期待をかけたのか。一説によれば、松方による選挙干渉を利用して吏党を強化させ、これをもって第二維新の実現を企図したといわれる（『筑前玄洋社』）。しかし、物事を慎重に考える頭山が、藩閥政権を利用して維新の徹底を図ることができるなどという、甘い見通しを持っていたとは考え難いのではないか。むしろ、議会が一丸となって国権の伸張を目指すということが、彼の当面の願いだったと見る方が妥当だと考えられる。

松方内閣の自滅を見て、頭山は政界への関与に見切りを付けた。もはや、藩閥政治家には頼むに足る者はなく、政党政治家は党利党略に走るばかりで長期的国家運営を考える者はいないと考えるに至った。これより頭山は志を政界に寄せることはなく、白眼をもって世に臨むことになる。

その一つの現れが、国民協会への参加拒否であった。内相辞任後の品川は、一八九二年六月、西郷従道《じゅうどう》らとともに国民協会を組織して民党に対抗しようとした。同会の趣意は、「天壌無窮の国体を尊重し、欽定憲法の本義を遵守し、社会開明の事物を併行進歩せしめ、国威を宣揚し、民福を増進せしめんことを企図す」というものであり、軍備・教育・実業の発達に重きを置き、国家万能主義を掲げる典型的な国粋主義政党であった。彼らは再三にわたって頭山に同会への参加を呼びかけた。しかし、彼はそれに応じることはなかった。ある日、頭山は西郷宅で会員に向かって次のように述べたという。

……これから何事もやりません。やりたくない。世の中にはやると言つてやらぬ奴がゐる。やらぬと言つてやらん奴がゐる。私はやると言つてやらぬ奴よりは、寧ろやらぬと言つてやらん奴を採る。私はこれから何もやらぬ。あなた方と一緒にせずして他に何をするといふことはない。誰とも何にもやらぬ。(『頭山満翁正伝』)

頭山の目には、国民協会に集う人々が「やると言ってやらぬ」二流政治家として映っていたことは間違いない。否、それだけでなく、この言葉には政界全体への不信感が現れているといえるだろう。そして頭山は、それへの反動であるかのように、この後はアジア問題に積極的に関わっていくことになるのである。

第二章

皇道とアジア

1　皇アジア主義者としての頭山満

†頭山満の思想的基盤

多くの評伝では、頭山満の思想は儒教を根幹として、これに神仏を取り入れて日本精神としたものであり、そこにはさらに禅と陽明学が加味されているとしている。頭山は幼少の頃から私塾で学び、さらに進んで興志塾で儒教的教養を身につけているので、これが根幹となったことは間違いない。陽明学に関しては、本人は『洗心洞箚記』を通して得た知識が主だったと述べている。朱子学に対しては、これを治世の学問だとして批判的に見ている。とりわけ、不義をしてはならないとはいうが、進んで不義を討てと主張していないことは、朱子学の問題点だと見ていた。

しかし、現在残されている記録においては、頭山が体系的に儒教を論じた箇所はない。彼は、儒教こそ東洋人を人間らしい人間にした教えであって、その根本義は日本人の指導的要素だとしているが、こうした捉え方は極めて通俗的だと考えられる。ただ、儒教のいくつかの徳目の中で、とりわけ「忠孝」を強調している点には注目しておきたい。すなわち、頭山によれば、日本人は身を忘れて人や国家に尽くすという「忠孝」の精神を絶対に失ってはならないとされている（中野刀水『頭山満翁の話』）。ここから、頭山にとっての儒教は、尊皇主義との関連で捉えられていたことが理解されるであろう。

こうした傾向は、青年時代に西郷隆盛の旧宅を訪ねた際に、川口雪篷から儒教の本質をどう捉えるかを教えられたことに関わっていると見られる。頭山は川口から、儒教の本質は「温・良・恭・倹・譲」にあるのではないことを教えられた。それらは陰徳というべきものであって、むしろ孔子の教えは社会に対して積極的に立ち向かう側面に価値がある。それは、「義・勇・剛・健・忠・孝」といった陽徳にあるという考えであった。こうした教えを受けた頭山は、儒教を道徳的修養の側面よりも行動規範として捉えていたものと考えられる。頭山が儒教を体系的に論ぜずに、忠孝を強調した理由の一端はここにあったといえるだろう。

ところが、頭山の言説においては、日本文明の根幹となったとされる儒教よりも、むしろ、それを基礎として形成されたという「日本精神」の方が、強烈な印象をもって現れる。頭山の考えでは、明治以降の時代にあっては、武士道は治者・被治者の双方を貫く日本国民全体の精神でなければならない。そして、それによって維持されるべき国家は、天皇道をもって特徴とするものであった。

頭山がいう「天皇道」とは、神格化された天皇制イデオロギーを意味しているが、彼はそれについて次のように述べる。「日本は魂立国の国じゃ。君民一如《くんみんいちにょ》、皇道楽土《こうどうらくど》の国柄だ。日本の天皇道位尊くまた広大無辺なものはない」(吉田鞆明『巨人頭山満翁は語る』)。そして、このような国は普遍性を持つものだと考えられている。彼は次のようにも述べている。

日本の天皇道は只に日本国土を治め大和民族を統《す》べ給《たま》ふのみならず、実に全世界を救ひ大宇宙を統ぶるものだ。而も日月の普きが如く、偏視なく偏愛なく所謂一視同仁じゃ。(同前)

頭山の考えるところでは、天皇道はあらゆる教えの究極に位置するものであった。彼は、「孔子の曰ふ祭政一致、宇宙一貫の道理も、釈迦の欣求浄土《ごんぐじょうど》も、クリストの愛も、畢竟するに天皇道の一部だ」というのである。

頭山は、儒教はもちろんのこと、武士道や天皇道についても深く掘り下げて論じていたわけではない。むしろ、それらは感覚的に捉えられていたとさえいえるだろう。そして、具体的な根拠を示すこともないまま、天皇道には最高の価値が付与される。すなわち、儒教については日本精神の根本をなすものという位置づけがなされているが、他方において、天皇道は普遍的価値を持つものとして認識されていた。それゆえ、天皇道は日本を超えてアジアへ、そして世界へと拡大されるべきものと考えられていたのである。頭山は次のように述べている。

天子様は世界に上御一人だけだ。実に日本の天皇陛下に依つて、皇道を世界に布くことが、神意であると信じて居る。其処に世界民族も亦その堵《と》に安んじ、所謂世界を挙げて皇道楽土が招来されるのである。（同前）

これこそ、頭山の皇《すめら》アジア主義の基礎となるものであったが、アジア主義の具体的内容については後に述べることにしよう。

さて、以上のような思想傾向からすれば、頭山が欧化主義に反対するのは当然のことであった。彼の西洋文化に対する姿勢は、一九二五（大正一四）年九月の英字紙『ジャパン・アドバタイザー』によるインタビューから窺うことができる。彼はここで、「東洋が泰西文化に接触して以来、日本国民の犯したる最大の過誤は、唯だ無鉄砲な態度を以て西洋の物質的教訓を採用したことである」と述べている。しかしその後、多くの思慮ある人々はそうした過ちを自覚するようになり、その取り入れた西洋思想を日本の国民思想の基礎に立って矯正すべきだと考えるようになっているという。

だが、西洋文化の中にはすでに日本社会に深く入り込んでしまい、もはや除去することが困難なものもある。物質至上主義には反対しなければならないが、物質文明なくしては現代生活が困難となるからである。頭山はこの点を理解していた。そこで頭山が提示したのは、「孔子の教ふる忠孝の根本義を紊《みだ》るが如き外来思想は堅く之を防止しなければならぬ」(『巨人頭山満翁』)という姿勢であった。ここから、西洋文化に対する頭山の姿勢が、日本文化の根本をなす忠孝の精神を最低限の防御線とするものであって、決して無差別的な排欧主義ではなかったことが理解されるであろう。

†アジアへのまなざし

頭山満のアジアへの視線は、西郷隆盛の征韓論を原点とするものであった。前章で述べたように、西郷の対朝鮮政策は決して武力行動を前提とするものではなく、平和裡にアジアを結束させて西洋の侵略を阻止しようとするものであり、頭山は西郷の主張をアジア主義の先駆けとして高く評価していた。そして頭山は、国家のあり方としては、西郷のいうように「強国にして正義」が理想だとする。頭山は西郷の「遺訓」に対する講評の中で、次のように記している。

強国にして正義、即ち南洲翁がいはれたやうに、広く弱小国を憫《あわ》れんで、それ〴〵文化を進めしむるのが、之が国を為すの理想といふものではないか。たゞ人の国を征伐して、之を掠奪し、苛斂誅求《かれんちゅうきゅう》して他の弱小国民を苦しめる丈ならば、何も国を作つて居る必要はないのぢや。（『大西郷遺訓』）

頭山の考えでは、この後の日本は西郷が唱えたように、「強国にして正義」の立場からアジアを結束させていく道を歩むべきだとされていた。このように、頭山のアジア主義の原点は西郷にあったといえるが、彼にはより身近な立場から、アジア問題に関心を深めさせてくれる人物がいた。それは荒尾精《せい》であった。

荒尾精は陸軍軍人である一方、上海に日清貿易研究所を創設して日本人青年の教育を行うなど、日中提携によるアジア保全を唱えた人物で、日本の初期アジア主義者を代表する一人に数えられる。荒尾が福岡に頭山を訪問したのは一八八六（明治一九）年の春、彼が中国に実地踏査に赴く直前のことであった。この時、荒尾はまだ二八歳であったが、頭山はその非凡さを見て取ったのか、荒尾を五百年に一度現れる人物と見なし、「真に偉人の器を具え、大西郷以後の大人傑であった」と最大級の評価を与えている（『頭山満思想集成』)。彼は荒尾を西郷の精神を継ぐ人物と見ていたのである。

頭山は荒尾を「会心の友」と呼んだ。そして、荒尾ほどの識見を持った人物ならば、必ずや「能く東亜の大計を定め、その抱負を世界に布き、以て後世を益する鴻業《こうぎょう》を成し遂げ得るもの」と信じていた(同前)。そのため、上海の研究所が経営困難に陥ると、頭山は資金援助を惜しまなかった。こうしたことから、大川周明《しゅうめい》は、「少なくとも荒尾との親交が、翁(頭山を指す――引用者註)をして一層大なる関心を東亜問題に抱かしめるに至つたことは疑ふべくもない」と述べている(『頭山満と近代日本』)。しかし、具体的にどのような点で頭山の関心が触発されたかについては判然としない。

荒尾精

同時代の人物で、頭山がアジア問題で共鳴を覚えた人物としては近衛《このえ》篤麿《あつまろ》がいる。彼は五摂家筆頭の近衛家の当主であり、青年時代にドイツで法学を学び、帰国後は公爵として貴族院議員となる一方、学習院院長として華族教育に務めていた。近衛は一八六三(文久三)年生まれなので頭山より八歳年下だが、アジア主義論に関しては頭山に強い影響を与えたように見える。

近衛篤麿

近衛がアジア問題について論じるのは一八九〇年代末からのことだが、当時の日本の論壇においてはアジア・モンロー主義が流行を来していた。それはアメリカのモンロー主義に倣って、日本が中心となってアジア諸国による排他的連帯を作り上げようとする主張であるが、近衛もその有力な論者の一人として知られていた。彼はアジアの将来が人種競争の舞台になると予測し、その最終段階においては黄白人種の闘争へと収斂していくと考え、その場合には日本人、中国人を問わず黄色人種は、白人種の仇敵と見なされるだろうとして、同人種同盟の結成が必要だと唱えていた。

頭山はそのような主張について、「公（近衛を指す――引用者註）の大陸経綸の志、アジア問題に対する抱負は吾々の敬服する処であつた」として、次のように述べていた。

「東洋は東洋人の東洋なり」と絶叫して起つたのは、霞山《かざん》公が第一人者だ。

亜細亜民族が一致結束して起ち、西欧諸国の暴慢と其侵略的野心を駆逐せんとする、大亜細亜主義を提唱したのは公が其第一声である。［中略］其先見の明と達識雄図《たつしきゆうと》とは今更ながら敬服に堪へない。（『巨人頭山満翁は語る』）

頭山の近衛に対する評価は絶大なるものがあり、その共鳴した点も明確である。すなわち、それは日中提携を中心とするアジア諸国の連帯であり、それによって欧米勢力を駆逐することであった。そして彼は、近衛の主張が日本精神を基調として、アジアの秩序を整え保全するものであるとし、この点にこそ人心を引きつける要因があったとしている（頭山「近衛篤麿公の偉業」）。頭山は、近衛を自らの主張の代弁者と見なしていたのであろう。

中江兆民

ところで、頭山は国権論やアジア問題を超えて、幅広い交友関係を築いている。その好例として挙げられるのは中江兆民である。中江は典型的な民権論者であり、アジアについて語ることは少なかった思想家だが、なぜか頭山とは肝胆相照らす仲であった。それは、中江が東洋的気風の人物を好んだためだともいわれている。また、彼は勝海舟を通じて西郷隆盛の人物像を知ってから、彼を尊敬してやまなくなったといわれており（葦津珍彦『武士道』）、頭山は中江の中に自らとの共通性を認識していたのかもしれない。

中江の頭山への信頼は大きなものがあった。彼は頭山と会うたびに、正直な者は仕事ができず、仕事のできる者は悪いことをする状況を嘆き、どうにかして正直で、仕事のできる者を養成し、これを頭山の周囲に配して、彼の偉大な潜在力で天下を監督してもらわなければならないと述べていたのである。

中江兆民に対してもそうだが、頭山は思想傾向を問わず、信頼できる人物であれば分け隔てなく接した。かなり後のことだが、無政府主義者である大杉栄が雑誌発行の資金難に陥った時、頭山は伊藤野枝を介して金策の手配をしてやったことがある。それも、時の内相後藤新平に金を融通させたのだから、この一件には彼の度量の広さが現れている。人によっては、このことをもって彼の無原則さを示すものと見るであろうが、むしろ思想的寛容性の現れとする方が妥当だと思われる。

†皇アジア主義——皇道楽土の建設

さて、先に述べたように、頭山満は「強国にして正義」が理想だとする。日本はそのような国になった上で、世界の「道義の大本」とならなければならないと考えられた。彼はこれこそ日本の国家たる使命なのだという。そして、近いところでは中国、インドと提携して、仁義道徳の理想国を作るべきだと述べている。道徳に基づくアジアの連携が必要だとされたのである。頭山は、この両国を道義によって感化し、日本を信頼させることによって真のアジアの建設ができると考えていた。インド問題に関しては、後に見るラース・ビハーリー・ボースへの支援活動が知られているが、全体として見た場合、関与する比重としては中国の方が多かった。

頭山の考える日本と中国は、家族あるいは夫婦の関係に譬えられるものであった。彼は次のようにいう。

日本と支那とは数千年来、同文同種、地理的にも、民族的にも、人情的にも提携融合しなければならぬ立場にある。〔中略〕日本と支那とは天の与へた夫婦も同様だ。夫婦は諸外国が羨む位仲がよからねばならぬ筈だ。（『巨人頭山満翁は語る』）

日本と中国は一心同体の関係であってこそ、列強諸国のアジア侵略に対処し、彼らをアジアから放逐することができるのである。その前提としては、中国が弱小国の状態から脱することが是非とも必要であった。頭山の表現によれば、中国はあたかも檻に閉じ込められた獅子や虎のようなものであって、本来の実力を発揮させることができない状態にある。中国と提携するためには、彼らをまず檻の中から解放してやる必要がある。そして、両国が本当に一緒になって事に当たることができるようになれば、イギリスとアメリカはいずれアジアから撤退せざるを得なくなるというのである（田中稔『頭山満翁語録』）。

それでは、中国を檻から出してやるのは誰かといえば、その役割を担うのは日本であると考えられていた。ここからして、日本が中国に対して指導的立場にあることは明らかであった。彼のこうした考えは、終生変わることはなかった。

このように、頭山は日本・中国・インドが中心となってアジア解放に立ち上がるべきだと考えていた。彼は、東洋から西洋人を駆逐するのは人類を救うためであるとし、「東洋の独立に依つて人類の真の文明を作つて、従来の獣の文明から人類を救済する」のだと説いている（『頭山満翁の話』）。ここでいう「人類の真の文明」とは、彼の言説の全体から推して天皇道を基礎とするもの以外には考えられないが、このことの実現のためには「攘夷」が必要であった。頭山の考えによれば、それは日本だけに関わるものではなく、アジアが全体となっての攘夷であり、世界に皇道を布くための前提としての大維新とならなければならないものであった。

ここからは、アジア諸国による攘夷によって、西洋諸国はアジアから駆逐され、その空間に日本の統治イデオロギーが充塡されるという構図が浮かび上がってくる。しかし、そこではイデオロギーの普遍性あるいは正当性の検証がなされることは全くない。天皇道は無条件的に真理とされていたのである。

このように、頭山はアジア諸国の連帯を説くのであるが、それは日中関係のあり方からも想像されるように、決して対等の関係に立ってのものではなかった。西洋諸国に対抗するためにはアジア諸国は団結すべきであるが、そのためには日本がアジアの盟主とならなければならないと考えられていたのである。

頭山の周辺にあった人物によれば、彼の大陸政策は一貫しており、その理想とするところは「吾が日本が東洋の盟主として隣邦と互助聯環東亜全体を日本の皇道に化せしむること。東洋を打つて一丸とせる皇道楽土を建設しやう」ということであった（『巨人頭山満翁は語る』）。すなわち、頭山の考えでは、日本の指導のもとで「皇アジア」を建設し、さらに進んで「皇世界」の建設が求められていた。頭山の脳中には、「皇室敬戴」と「国権拡張」という二つの観念が深く刻み込まれていたが、これらこそ彼の皇アジア主義を支える要素であった。彼のアジア問題への関与は、以上のような対外思想に基づいていたのである。

2　金玉均支援活動と反ロシアの主張

†金玉均の来日と樽井藤吉

玄洋社がアジア問題に関わっていくのは、壬午軍乱を契機としてであった。以後、玄洋社は朝鮮独立運動の支援に向かうことになる。その運動の主役となるのは金玉均《キムオッキュン》であるが、彼の行動は日本のアジア連帯運動の出発点を作り上げたということができる。

金玉均は一八五一年に生まれ、七二年に科挙に合格するという秀でた人物であった。彼は明治維新を模範として、日本の助力によって朝鮮を近代化し、真の独立を果たそうと志した。一八八二（明治一五）年二月から七月にかけて日本に留学した際には、福沢諭吉の支援を受け、慶應義塾やアジア主義団体である興亜会に寄宿した。そして、同年一〇月、壬午軍乱後に締結された済物浦《さいもっぽ》条約批准の修信使の顧問として再度日本を訪れ、日本政府からの借款および民間銀行からの融資の取り付けに成功している。

金玉均

一八八三年六月、金玉均は国王の委任状を持ち、三〇〇万円の借款を得ようとして三度目の日本訪問を行った。この時、福沢諭吉の紹介で知己となった後藤象《しょ》二郎《うじろう》らが彼を支援するが、閔妃《ミンビ》の妨害や日本政府の非協力によって借款は成功せず、翌年五月に失意のうちに帰国した。帰国後、金玉均は清仏戦争の勃発による朝鮮に駐在する清（中国）軍の減少を好機と見て、日本公使竹添《たけぞえ》進一郎と協議の上、八四年一二月四日、親中国勢力（事大党）一掃のクーデターを敢行した。この事件は甲申《こうしん》政変と呼ばれるが、クーデターは清軍の介入によってあえなく失敗に終わった。金玉均は同志とともに即座に仁川から日本船で脱出した。彼は一八八四年一二月一三日に長崎に着き、同月下旬に東京に向かった。東京では福沢と再会し、彼の別邸に匿われた後、浅草、本郷に一時滞在し、翌年四月には横浜居留地山手に転居した。

亡命客となった金玉均と最初に接触したアジア主義者は樽井藤吉であった。樽井は東洋社会党の創設者、そして日本と朝鮮の対等合併を説いた『大東合邦論』の著者として歴史に名を残している。彼は早くから朝鮮問題に関心を寄せていた。一八八二年三月、長崎にいた樽井は、金玉均来日の情報を得て面会を果たしている。当時の新聞記事によれば、金が樽井を「是非本国へ連れ帰らんと頻りに懇望」するほど、二人は意気投合していたという。このように、金は日本亡命以前から樽井と面識を得ていたのである。

樽井は一八八二年五月、島原で東洋社会党を組織するが、間もなく禁止処分を受け、翌年一月には軽禁錮一年に処せられた。出獄後、八四年五月には福岡で開かれた九州改進党大会に出席し、その場で箱田六輔ら玄洋社の人々と会っている。これが樽井と玄洋社との初めての接触であったと見られる。その後、彼は中国に渡って上海・福州の間で活動するが、同年一二月、金玉均が日本に亡命するとの報せを聞いて急遽帰国するに至った。

帰国した樽井は金玉均の居場所を探し当て、彼のもとを訪ねて今後の再起の方法などを質している。それは、おそらく一八八五年初めのことだと思われる。樽井の未公刊の自伝によれば、この時、金が再挙の意志はあるが成案が立たないと述べたのに対して、樽井は「五百名の猛士を汽船に乗せて仁川に到り、不意に京城を襲ひ反対派の大臣を監禁して急転直下、王命を挟んで新政を公布すれば事は直ちに成るであらう」と答えている。すると、金は「兵器は米国が何とかして呉れる筈だ。だが資金は一寸《ちよつと》困る」というので、樽井は資金については郷里・奈良の富豪である土倉《どくら》庄三郎に頼もうということになった（田中惣五郎『東洋社会党考』）。

樽井藤吉

樽井がいう「五百名の猛士」の根拠は何なのか。金玉均は「その五百の猛士は中々得難からう」というのに対し、樽井は「自分には成算がある。その方は大丈夫である」と答えている。あるいは彼の頭の中には、甲申政変を機とする反中国気運に伴う国内の義勇軍志願運動の高まりが、動員可能人数の根拠としてイメージされていたのかもしれない。樽井は、奈良に行って資金工作に取り掛かる前に、玄洋社のメンバーと連絡を取った。当時、社員である来島恒喜、的野《まとの》半介、久田全《ひさだぜん》らは東京の芝弁天の一角を拠点として活動しており、樽井は社員ではないものの、そこに頻繁に出入りしていた。

†頭山満、支援に起つ

在京の玄洋社の社員たちは、甲申政変の後、日本政府の優柔不断な態度を憤り、この上は民間の志士が結集して朝鮮で事を挙げる以外はないとの意見に一致し、亡命中の金玉均らと連絡を取って彼らの志を遂げさせ、東亜の危急を救おうとの計画を立てていた。そこに樽井藤吉の情報がもたらされたのである。彼らは福岡の玄洋社社員を総動員して、義勇軍の中心勢力となし、民間有志の力によって目的を遂げる覚悟が必要であると考え、久田が「趣意書」を携え頭山満に上京を促すべく福岡に赴いた。久田は福岡で頭山に同志の計画を告げ、熱心に決起を懇請したところ、頭山も彼らの計画には敢えて反対せず、とりあえず上京しようということになった。

他方、樽井は資金工作を始めることになる。一八八五（明治一八）年四月、彼は神戸の有馬温泉に滞在していた金玉均に、資金を得るために奈良に同行することを求めた。しかし、金はすでに他の筋からある程度の資金を得ていたこともあってこれを断った。そのため、樽井が単身奈良に赴き土倉に事の次第を告げたが、思いがけないことに、手元不如意を理由にあっさりと断られてしまった。

樽井は困り果ててしまった。しかし、樽井はどうしても金玉均の信頼を得たかったのであろう。功を焦った彼は、郷里五條の有力者である桜井徳太郎を訪ね、金玉均に約束した資金借入れに失敗したことを打ち明けた上で、樽井に代わって桜井が資金を用意すると金に確言してくれるように頼みこんだのである。そこで、二人は有馬温泉に行って金玉均と面会し、茶番を演じることでどうにかその場をしのいだ（「大阪事件・桜井徳太郎予審調書」）。しかし結果として、樽井は不誠実さを露呈し面目を潰すこととなった。

それでは、頭山の動きはどうであったろうか。久田の要請を受けた頭山は福岡から上京の途中で、金玉均が神戸に滞在しているとの情報を得て、同地に立ち寄って彼と面会することになる。この時の面会について、頭山は次のように回想している。

……話してゐる中に彼が非常な才物であるといふこと丶野放図（横着）な所もあるが珍しい豪の者であるといふことを見抜いた。そこで俺は宜しい一臂《いっぴ》の労を取らうと決心した。その時彼も非常に困ってゐるやうだったから持合せの旅金五百円を全部遣《や》つてしまった。(『頭山満翁正伝』)

この文章からは、頭山が瞬時にして金玉均の人格と優れた才能を見抜いたことが理解される。そして、この時からアジア主義運動は新しい局面に入ったと見ることができる。玄洋社の有力者である頭山が、本格的にアジア問題に関心を抱き、行動に移す基点が誕生したといえるからである。

金玉均と面会した後、頭山は再び福岡に戻って資金調達に取りかかった。しかし成果は挙がらなかったと見える。やがて上京してみると、血気に逸《はや》る玄洋社の社員たちは、頭山に一日も早く朝鮮に渡って目的を遂げようと迫った。だが、頭山は上京の途中で京阪方面で大井憲太郎らの計画が露見しつつあるとの情報を得ており、今計画を進めても成功はおぼつかないとして軽挙を戒め、「妄動して名を汚すは真に国家の為に図る者に非ず、宜しく自重すべし」と慎重論を唱えた。ここに、金玉均再起のための玄洋社のクーデター計画は消滅したのである。

大阪に滞在していた樽井は、上京途中の頭山に勧められて福岡に移っており、すでに金玉均支援の活動から離れていた。他方、頭山は直接的な行動に代えて、外国語学校の創設による人材の養成を考えていた。彼の構想では、釜山に日本語・中国語・朝鮮語を教える学校を作り、大陸問題に志ある学生たちに平素は外国語を教え、一旦事あればこの学校を拠点として決起させるというものであった。

頭山の計画には中江兆民、前田下学《かがく》らが賛成し、来島恒喜、的野半介らも加わって麻布の龍源寺を秘密の集会所と定め、金玉均も時々会合に加わって計画を進めていた。設立趣意書は中江が執筆し、校名も善隣館と定め、資金調達に取り掛かったが、結局これは八五年一二月に起きた大阪事件の影響を受けて頓挫を来すことになる。ただ、一つ興味深いことは、計画に携わった人物の中に、前年の東洋学館設立に関わった中江兆民がいることである。善隣館に関する資料は残されていないため、断言することはできないものの、彼が学校設立構想の発案者であった可能性は高い。

金玉均は、日本政府の中国に対する政治的立場から、一八八六（明治一九）年八月から小笠原諸島、札幌などに幽閉された後、九〇年四月に至ってようやく解除されて東京に戻った。頭山は金の身辺に怪しげな人物が現れることを気遣い、大石内蔵助が京都で茶屋遊びをして吉良側のスパイに油断させた故事に倣い、それまでの憂国一辺倒の生真面目な生活を捨てて、わざと自堕落な生活をするように勧めたといわれている。金玉均は勧めに従って、しぶしぶ茶屋遊びを始めたというが、ことの真偽は定かではない。

金玉均暗殺の企画者である李逸稙《イイルチク》の来日は一八九二年四月のことであった。彼は暗殺の実行者である洪鍾宇《ホンジョンウ》などを引き込み、金に近付いていった。頭山は彼らの素性が怪しいとにらみ、金に交わりを断つように忠告していた。金玉均も二人が刺客である可能性を認識していたようだが、「虎穴に入らずんば虎児を得ず」と平然としていた。そのようなところに、駐日公使を務めたことがある李経方《りけいほう》から、養父の李鴻章《りこうしょう》の力を借りて朝鮮の内政改革を実現させるので、上海に出かけて来ないかとの手紙があった（『東亜先覚志士記伝（上巻）』）。頭山はこれを信用してはならないと忠告したが、金玉均は聴かなかった。九四年三月、金は洪鍾宇、護衛役の和田延次郎、中国語通訳を伴い上海に向かった。

しかし、上海到着後の同月二八日、金玉均は洪鍾宇に射殺される結果となった。死体は中国の軍艦で朝鮮に運ばれた後、凌遅《りょうち》刑に処された上で四肢を八つ裂きにされ、胴体は川に捨てられ、首は京畿道竹山、片手及び片足は慶尚道、他の手足は咸鏡道で晒された。このような無残な結果をもって、頭山をはじめとする玄洋社によるアジア独立運動支援の第一幕は終焉を迎えたのである。

この後、朝鮮では東学を奉ずる集団を中心に甲午農民戦争が勃発した。清朝政府は反乱鎮圧を名目に朝鮮に出兵したが、金玉均暗殺の片棒を担いだとして、日本国民の間には中国に対する強い憤りの声が上がっていた。そのような中で、玄洋社社員によって東学党を支援する軍事組織としての天佑侠《てんゆうきょう》が組織され、現地で活動を行う者が現れる。頭山としては金玉均の弔い合戦の気持ちもあったのであろう、彼は決起しようとする社員を激励し、金銭的支援を行っている。しかし、頭山自身が具体的な計画に関わった形跡はない。

なお、頭山とともに金玉均支援運動を行った樽井藤吉についてであるが、離別した後は互いの交流の跡はほとんど見られない。樽井はこの後、衆議院議員になり『大東合邦論』を出版するなどしたが、経済的に困窮した時期もあったという。そうした時には、どのように察したのか分からないが、頭山が人力車で樽井の家に乗り付けて、黙って当座の生活費を樽井の妻に渡していくことがしばしばあったという。頭山の情の深さを窺わせるエピソードといえるだろう。

†ロシア問題と頭山満

明治以降、いくつかのアジア主義団体が成立したが、その中でも東亜同文会は有力なものの一つである。同会は、東亜会と同文会の合同によって一八九八(明治三一)年一一月に成立し、会長には近衛篤麿が就任した。綱領は以下のようなものであった。

一、支那を保全す。
二、支那および朝鮮の改善を助成す。

三、支那および朝鮮の時事を討究し実行を期す。
四、国論を喚起す。

「保全」とは「分割」の対語であるが、実際には両者ともに中国の主権に対する優越的立場からする政策であったことには違いはない。しかし、会員の中には、同会は原則として政治に関わるべきではないという意見もあり、むしろその活動は東亜同文書院、東京同文書院などの学校経営、雑誌・新聞の発行や時事討究会の開催などといった文化事業面に重点が置かれていた。

しかし、一九〇〇年六月、義和団事件が勃発すると、東亜同文会は政治的問題に否応なしに対処せざるを得なくなる。当時、会員の中には積極介入派と慎重派があったが、会長である近衛の立場は慎重論に傾いていた。しかし、中国の南方指導者の中に新政府樹立の動きが出てくると、「南方諸省連邦」の形成に向けてこれに関与するようになる。中国でのそうした動きは間もなく消えていくが、同年七月以降、ロシアが満洲の占領に乗り出したことを契機として、東亜同文会の関心は北方問題へと移っていった。

東亜同文会の中では、常任幹事である田鍋《たなべ》安之助が早くからロシアを危険視し、必戦論を唱えていた。当初、多数の会員は同会の主旨からしてロシア膺懲《ようちょう》論を打ち出すことには否定的であったが、ロシアの南下の姿勢が露骨になると会員の中に反ロシア意識が高まることとなった。同年七月一九日、在日ロシア公使は日露両国による朝鮮の分割統治を提案したが、山県首相と伊藤博文は受け入れる姿勢を示していた。これについて近衛は強い危機感を示し、閣僚の有力者を拒絶論に傾かせる運動を始める必要があると考えるに至る。こうした反ロシア運動の流れの中で、九月二四日、国民同盟会が結成されることになる。

国民同盟会はその「宣言」において、「支那の変乱は唯だ支那の変乱に止まらずして、其禍の波及する所実に寰宇の全局に関す。況《いわ》んや東亜に国するものは、其利害の切なる同舟風に遭ふに異ならず」として、一方では「支那の保全を持し」、他方においては「甲午宣戦の大旨に沿ふて朝鮮の傾頽《けいたい》を扶掖《ふえき》し」、これによって大局の平和を回復することは日本の任務であると述べていた（『国民同盟会始末』）。国民同盟会は、対ロシア開戦に向けての世論作りを目的としていた。

頭山満がいつ頃から東亜同文会に関わりを持つようになったのかは明らかではない。しかし、後に評議員の一人に名を連ねていることからすれば、彼が早くから会員となっていたことは確実だといえよう。国民同盟会が結成されると、頭山もこれに積極的に参加することになる。近衛篤麿の日記を読むと、アジア問題の意見を聞くために頭山としばしば面談していることが確認される。一九〇〇年八月三〇日の条には、国民同盟会を作るに当た

東亜同文会にて

って、頭山を、青年たちをまとめ上げていく中心人物とする旨が記されている。

また、同年一〇月二日の条には、同盟会の中心的「協議人」の一人として頭山の名前が挙げられており、近衛からの信頼の厚さを窺うことができる。頭山は近衛の個人的相談役であったといわれ、実際、翌年七月から九月にかけて近衛が外遊した際には、頭山が同盟会の常務の代行を任されていた。

当時、伊藤博文の対ロシア妥協論は対外硬派からは強い批判を浴びていた。中江兆民が病床にあって、頭山との筆談で「伊藤、山県駄目、あとのこと頼む」と書いたのは、ロシア問題に関しての彼への期待の現れだったであろう。頭山は中江の期待に背かなかった。ある日、頭山は河野広中、佐々友房、神鞭知常《こうむちともつね》を伴い、枢密院議長官邸に伊藤を訪ねたことがあった。ロシア問題についての、伊藤との膝詰め談判の場面として知られる話なので、ここに紹介しておこう。

その日、頭山は伊藤に向かって、あなたは今の日本で誰が一番偉い人だと思うかと問うた。伊藤は迂闊な返答ができずに逡巡していると、頭山は「畏れながら、それは天皇陛下であらせられるでしょう」と述べた。そして続けて、二番目に偉いのは誰かと聞くと、また伊藤が答えられずにいる。すると頭山は、「あなたでしょう」、「そのあなたが、この際しっかりして下さらんと困りますぞ」と言い放った。すると伊藤は、「その儀ならば御心配下さるな、確かに伊藤が引受けました」と答えたとされている。「その儀」とは対ロシア問題であることはいうまでもない。また、頭山らは桂太郎首相とも面談して、「満韓交換論は絶対に問題にしない」との言質を取った。このような頭山らの活動が、政府の対ロシア政策の決定に大きな影響を与えたとする見方もある。

以上の頭山の行動は、国民同盟会とは直接に関わるものではないかもしれない。しかし、当時の近衛は伊藤を包囲攻撃して、対ロシア強硬派に引き込むことを企図しており、頭山にも説得活動の役割が求められていた。こうしたことからすれば、彼の行動は近衛の意思に沿うものであったことは間違いない。

一九〇〇年当時、頭山の周辺には、軟弱な対ロシア政策を採る内閣に代えて、近衛篤麿内閣の成立を求める声があった。頭山自身の述べるところでは、国民同盟会は単に国威発揚のためにロシアを征討するばかりの団体ではなく、その精神とするところは近衛を中心として国魂・国風を発揮する内閣組織の樹立にある。そのような内閣でなければ、国家を改造して、アジアを復興する大任を負うことはできないからである。同盟会の中には、この目的のためには近衛内閣を作らなければならないとする意見が強かった。そして、新内閣の創立の暁には、柴四朗、佐々友房、神鞭知常、根津一《はじめ》のほかに頭山も閣僚として入ることが予定されていた（頭山満「近衛篤麿公の偉業」）。

近衛ほどの知性・品性・度量・人望を備えた人物であるなら、総理大臣の座に就く資格は十分にあったといえるだろう。しかし、難病に罹った近衛は、一九〇四（明治三七）年一月二日、ロシアとの開戦の報せを聞くこともなく世を去った。まだ四〇歳という若さだった。頭山としても、心を許せる政治家を失ったことは無念であったに違いない。

一九〇四年二月、日露戦争が勃発すると、玄洋社社員の意気は盛んとなった。社員の安永東之助は、これを機に大陸に渡って中国の志士と連絡をつけ、ロシア軍と戦いアジア解放運動を起こそうと考えていた。安永はかつて、選挙干渉運動に積極的に加わった人物の一人である。安永は頭山のところへ行き、「人のできないことをやらせて下さい、火の柱でも登りますから」と頼み込んだ。頭山は、外務省の山座《やまざ》円次郎《えんじろう》と参謀本部の福島安正を紹介すると、参謀本部によって花田仲之助《なかのすけ》少佐指揮下の特別任務隊として満洲義軍が編成

満洲義軍のメンバーと

された。玄洋社からは安永ら七人が参加した。

ところが、玄洋社社員への辞令を見ると、そこには「陸軍通訳を命ず」とある。彼らの中に中国語を解する者はいなかった。すると頭山は、「満洲にも唖《おし》はいるだろう」として、できるだけ話はしないようにすれば良いと述べたという。指揮官の花田は、陸軍士官学校で荒尾精、根津一と同期生であり、以前からロシアに対する特殊工作に従事していた。

満洲義軍は、六月に満洲安東県に入り、地元の馬賊や中国人に呼びかけてコサック騎兵と戦った。彼らは、各地で鉄道の破壊を行うなど、ロシア軍にかなりの打撃を与えた。義軍は日露講和後の一九〇五年一〇月に解散し、多くの者は帰国した。しかし、安永は現地に残り別の任務に当たっていたが、翌月吉林省南部の通化《つうか》で殺害された。満洲義軍についての公式記録は存在しないが、彼らの活動は玄洋社社員が日露戦争の戦闘に参加した事例として記憶されてよいだろう。

日露戦争終結後のある日、頭山は近衛の霊前に戦勝の報告に訪れた。その時の情景を、近衛の次男である秀麿は次のように記している。「亡父の写真の前に跪《ひざまづ》いた頭山さんは恰《あたか》も生ける人にもの言う如くで、その博多訛の一言一句が幼いながらにも極めて印象が深かった」(『風雪夜話』)。頭山は、志半ばで逝った近衛に是非とも自分の口から、戦勝を伝えたかったのであろう。

†韓国併合について

先に金玉均に対する支援活動を述べたことからして、その後の日朝関係の画期をなす韓国併合についても述べておく必要があるだろう。以下、この問題についての頭山満の関わりと考え方について簡単に見ておくことにする。

一八九四(明治二七)年七月に始まった日清戦争における日本の勝利は、朝鮮に対する中国の宗主権を失わせることになった。そして、一九〇四年二月に日露戦争が始まると、日本は韓国(一八九七年から大韓帝国となっていた)に内政干渉を強め、翌年には第二次日韓協約により事実上の保護国とし、漢城(現在のソウル特別市)に韓国統監府を置いた。そして、一〇年八月二九日、「韓国併合ニ関スル条約」に基づいて韓国併合が行われた。これは、金玉均がかつて思い描いた祖国の未来だったとは思えない。それでは、頭山はこうした事態をどのように見たのだろうか。

早くから日韓合邦に熱心だった黒龍会の内田良平は、「併合」は本来望むところではないとして、あくまで「合邦」たるべきことを主張し続けた。その事情は『日韓合邦秘史』に詳しいが、頭山は同書に以下のような序文を書いている。

惟ふに日韓併合は、東邦千古の懸案を解決せるのみならず、近くは日清日露両役の終局を全うする所以にして、世界平和の鎖鑰《さやく》は、之によりて其の基礎を確立したるものなり。特に朝鮮の民族に在ては、之がために永き弊政の治下を脱出して宗国日域に融和し、同じく聖明光被《せいめいこうひ》の慶に浴し得たるものなりと雖も、一面よりいへば、之がため在朝在野の責任は愈々重大を加へ来りたるは、亦た勢の必至たらずんばあらず。

この文章を常識的に読めば、頭山が「併合」を積極的に支持したと解釈するのが一般的だろう。しかし、なぜか『日韓合邦秘史』本文の中には頭山の名前は全く登場しておらず、黒龍会がいう「合邦」の過程における頭山の主張や役割を窺い知ることは難しい。しかし、頭山の孫である統一《もとかず》が『筑前玄洋社』の中で早くに指摘しているように、彼が本心では併合に反対だった可能性は極めて高い。そのことは、神道家である葦津耕次郎《こうじろう》（珍彦の父）の書いた「韓国併合反対論」（『あし牙《かび》』所収）から窺い知ることができる。

葦津はこの文章の中で、熊本の第六師団長の地位にあった明石元二郎《もとじろう》を訪ねた時の会話について記している。明石は韓国併合の過程で武断政治を推し進めた人物として知られる。その明石に向かって、葦津は韓国併合が日本政府の大失態だと論じたのである。彼によれば、併合によって韓国の国民が喜ぶのならば何ら問題のないことだとされる。だが、実際は違うのだとして次のように述べている。

韓国二千万の国民は皆悲憤反対してゐる。それにも拘らず強いて之を併合して、我国の馬鹿政治家に任せた位ではとても韓国の民を喜ばせ信頼せしめることが出来るものでない。

明石は葦津の意見に反論して、議論は延々と続いたという。そして、後年になって、葦津は明石との会話の件を頭山に話す機会があった。すると頭山は、「日韓併合に不満を感じてをつたのは俺一人かと思つたら、君もそうだつたのか」と述べたという。葦津は頭山

日韓合邦記念塔にて（前列右から杉山夫妻、頭山夫妻、内田夫妻と娘）

より二三歳年下で、彼を同郷の先輩として最も尊敬する人物だとしており、この時の頭山のざっくばらんな対応の仕方には、彼の併合反対という本心が現れていると考えられる。

他方、後年のことだが、頭山は日韓合邦記念塔の建立に関わっている。これは、一九三四（昭和九）年一一月に明治神宮表参道の神宮橋付近に建てられたもので、頭山は杉山茂丸、内田良平とともに建立発起人となっている。塔は戦後に撤去されて現在は残っていないが、黒龍会が刊行した『日韓合邦記念塔写真帖』を見ると、正面の題字は頭山が揮毫したものであることが分かる。塔内には「日韓合邦記念塔塔記並ニ功労者芳名」が銅板に刻まれ、伊藤博文ら政治家、杉山茂丸ら民間人、そして朝鮮人関係者として一進会会員らが功労者として名を連ねている。しかし、その中に頭山満の名前はない。

記念塔建立の発起人でありながら、功労者に名を列せられていないという事実はどう考えればよいのだろうか。頭山統一はこのことを、本人が合邦工作に関与していなかったからか、功労者として名を刻まれることを固辞したからか、あるいは他の理由によるものかは不明だとしている。おそらく頭山としては、杉山や内田から発起人となるよう求められれば、彼らとのそれまでの関係からして断ることはできなかったであろう。しかし、彼の心の底には、併合には賛成しかねるという考えがあり、それが「功労者」の列に加わることを潔しとしなかったものと考えられる。

3　孫文の革命運動への支援

†孫文の革命運動と頭山満

頭山満が孫文と最初に出会ったのは、一八九七（明治三〇）年のことである。孫文はイギリスでの亡命生活を終え、カナダを経由して日本に渡っていたが、この年の九月初旬滞在中の横浜で宮崎滔天と会っていた。彼は日本人の中で孫文の最初の同志である。頭山もこの後、滔天を介して孫文と相知ることとなるが、頭山もたちまち孫文に傾倒し、以後、革命派の中では特別視するようになっていたといわれている（『頭山満翁正伝』）。

頭山の孫文支持の立場は終生続くことになる。しかし、一つ素朴な疑問が湧いてくる。それは頭山に思想的に近いように見える保《ほ》皇派《こうは》の康有為《こうゆうい》らではなく、なぜ共和主義者である孫文のみを支持したのかということである。この時、頭山が清朝の忠臣である康有為についての知識を持っていないはずはなかった。

このことについて頭山統一は、「理由は簡単だ。先に訪ねたのが孫文だったからだ」という（『筑前玄洋社』）。その上で、頭山が孫文の人物を見込んで援助を約したのだから、孫文が康有為と提携するというなら別だが、その意志がない以上、頭山は康と交友する気にはなれなかったと推測している。それは「仁者の援助」というべきもので、流動的な配慮が必要とされる政治家と違って、頭山が無位無官であるがゆえにできたことであった。

孫文

当時、日本のアジア主義者は中国の反政府勢力の結集に熱心で、滔天は後に戊戌変法《ぼじゅつへんぽう》に失敗した康有為らが日本に亡命した際には、彼らを孫文と共闘させようとしたが、これは実現しなかった。一九〇五（明治三八）年の孫文訪日の際には、滔天は彼と黄興《こうこう》を結びつけることに尽力し、この時は八月の中国同盟会の結成に至らせることができた。また、大陸浪人の中には、直接中国に渡り、革命派の活動に参加するものも少なからずいた。しかし、頭山はそうした試みや活動に加わることはなかった。武昌蜂起以前において、大陸浪人を指揮して革命運動に参与したのは主に内田良平であり、孫文と頭山の関係は決して濃密なものではなかったともいわれる（李吉奎「孫中山与頭山満交往述略」）。

そのような中で、唯一確認できる記録は、孫文からの蜂起のための資金援助の依頼であった。当時、頭山は各地の炭鉱を経営しており、世間では「炭鉱王」と呼ばれていた。おそらく一九〇六年のことだと推測されるが、北海道の夕張炭鉱を七五万円で売却したことがある。そこへ、孫文が犬養毅《つよし》の紹介によって蜂起の資金援助を求めて訪れたことがあった。しかし生憎、金はすでに使い果たした後のことであったため、頭山は孫文の期待に応えることはできなかった。実現しなかったとはいえ、これが頭山の中国革命との最初の関わりであった。

滔天が頭山を孫文に紹介したことからも理解されるように、頭山と滔天の関係は極めて友好的なものであった。アジア主義者の中での国権と民権の区分は、人間関係においてほとんど意味を持たないことが分かる。彼らの間にはいくつもエピソードがある。革命運動の挫折から、滔天は一時浪人をやめて浪曲師になったことがある。多くの知人が滔天を批判する中で、頭山だけは「何をやってもよかろう。反対する意見にも賛成、君がそれを聞き入れずにやるのも賛成だ。僕は両方に賛成しよう」と述べ、公演用の幟《のぼり》幕くらいは用意しようといってくれた（宮崎滔天『三十三年の夢』）。また、滔天が一九一五年二月に衆議院議員に立候補した際には、頭山が推薦人に名を連ねたこともある。

　さて、頭山が本格的に中国革命に関与するようになるのは、一九一一（明治四四）年の武昌蜂起勃発後のことである。当時、志士浪人たちは相継いで革命軍の支援のために中国に渡り、国内の一般世論も革命軍に同情的な姿勢を示していた。しかし、日本政府の態度は混沌としており、変動する中国情勢には対処しきれない状態であった。何よりも、山県有朋を中心とする元老たちが、隣国に共和政体が実現することを好まず、むしろ革命鎮圧論をもって西園寺公望内閣を牽制したためである。

宮崎滔天

　実際、革命派として最も恐るべきことは列強の干渉であり、特に日本の出兵干渉であった。外国勢力が革命鎮圧を目的として、干渉軍を動員するようなことにでもなれば、革命派は抵抗すべくもなかった。とりわけ隣邦である日本が、強大かつ精鋭な軍隊を出兵することにでもなれば、革命の前途は危ういものとなると考えられていた。

このような風潮の中で、頭山は隣国の中国が共和国になったからといって、それが日本の国体に影響を及ぼすと心配するのは、進んで自国を侮るようなものだとして、中国革命を積極的に支援する姿勢を示した。彼は天皇道を基本とする国体の揺るぎなきことに、強い確信を抱いていたのである。

武昌蜂起勃発後、日本では大陸浪人を中心とする様々な団体が結成されると、頭山はそれに積極的に関わっていく。一〇月一七日には、彼をはじめ内田良平、三浦梧楼《ごろう》ら三百余名が集まって「浪人会」の会合が開かれ、革命に干渉をしないよう政府に申し入れることとし、次のような決議文を発した。

隣邦支那の擾乱《じょうらん》は亜州全面の安危に関し、吾人同志は之れを時勢の推移に鑑み、之れを人心の向背に察し、最も慎重に其の手を措く所を慮り、一去一就苟《いやしく》もせず、我国をして儼正《げんせい》中立、大局の砥柱《しちゅう》とあり、以て内外支持の機宜を誤らざらしめん事を期す。(「浪人会」)

浪人会とは、一九〇八（明治四一）年に田中舎身《しゃしん》（弘之）らによって結成された浪人の結社である。代表は頭山だったが、会員は福岡以外の出身者が集められ、この後、反デモクラシー運動を繰り広げるとともに、中国問題でもたびたび声明を発することになる。

一一月上旬には、内田、古島《こじま》一雄、小川平吉らとともに「有隣会」を組織し、革命派支援の運動方針を決定した。同会はすでに北京にいた平山周、武漢にいた末永節《みさお》らと連絡を取り、中国に関する情報の収集に務めていた。また、一二月下旬には、頭山、根津一、河野広中、杉田定一らが発起人となって「善隣同志会」が組織された。同会は「吾人は善隣の誼《よしみ》に顧み、其国利民福に照らし、熱誠以て革命軍の速に其目的を貫徹せんことを祈り、且つ列国が善く時局の情勢に鑑み、政体干渉の如き謬挙《びゅうきょ》に出づることなからんことを望む」との決議を発している（「善隣同志会成る」）。

以上のように、武昌蜂起勃発後の頭山は、民権・国権の立場を超えて国内での世論の形成という形によって、中国革命に呼応しようとしていたのである。

†頭山満、中国に渡る

武昌蜂起勃発後、当地にいた萱野《かやの》長知《ながとも》はアメリカ滞在中の孫文に帰国を促す電報を打った。「早く帰って収拾してくれぬと黄〔興〕と黎《れい》〔元洪《げんこう》〕だけではいけぬ、大将来《きた》れ、統帥なければ大事の成就に妨げあり」という内容の電報であったという。萱野は同時に、頭山満や犬養毅に「天下を取っても後の方法がつかぬから誰か来てくれ」という主旨の電報を打ち、来援を要請した（『東亜先覚志士記伝（中巻）』）。

しかも当時、中国の動乱に乗じて、日本の不良浪人が革命援助を名目に多数入り込んでおり、中国の革命派だけでなく日本の心ある志士たちも彼らの行動を遺憾に思っていた。そこで、大陸浪人中の不良分子を押し鎮めることと、孫文らに忠告を与える必要性から、三浦梧楼の薦めもあって頭山と犬養が中国に派遣されることとなった。そして、彼らのもとに「渡清団」が作られ、一二月一九日には犬養らが、同月二五日には頭山らが上海に向かった。頭山が一行を連れて上海に到着すると、不良分子は忽ちその勢いに圧せられて、それまでの横暴な連中は鳴りを潜めることとなったという。

頭山は上海到着後、現地で支援を行うに当たって、日本人同士の対立解消にも心を砕いた。その対立は真摯な姿勢から生じるものであるだけに、革命政権の混乱を一層助長しかねないものだったからである。そこで頭山は、現地の日本人を一堂に集めて派閥抗争の厳禁を命じ、革命政権に対する助言・忠告は全て頭山と犬養を通じてのみ行うこととしたという。頭山によるこうした調整工作は、革命戦線の秩序を維持する上で効果的な役割を果たしたということができるであろう。

一九一二（明治四五）年一月一日、中華民国臨時政府が南京で成立した。八日、頭山と犬養は孫文と会見した。この時、犬養は革命の目標の達成のためには、岑春煊《しんしゅんけん》と結んで袁《えん》世凱《せいがい》と対抗すべきだと進言した。彼は革命派の人材不足を危ぶんでいたのである。しかし、岑はもともと清朝の高官であったことから、孫文はその提案を受け入れることはなかった。

辛亥革命、南京にて（左から２人めが頭山、右端が宮崎）

　その後、新政権の中には南北妥協の空気が醸成されていった。そして、孫文は二月一三日に参議院に臨時大総統の辞表を提出し、後任に袁世凱を推す旨を表明し、自らも袁の招請に応じて北上するとした。頭山はそのことを知り、即座に南北妥協反対の態度を示し、孫文の北上に対しては、「それは以ての外である。［中略］決して行つてはならぬ。反対に袁を南京に呼び寄せるがよい」と述べたという（『巨人頭山満翁』）。そして、宮崎滔天、寺尾亨《とおる》、萱野とともに総統府で孫文と面会し、妥協には絶対に反対であるとの意見を表明した。

頭山の発言の主旨は、孫文らが革命の主人公であるという地位を決して譲ってはならないというものであったが、この時の発言については「平素の寡黙を破つた彼の雄弁は、言々精彩あり句々気魄に満ちて、その儘《まま》一篇の名文章ともいふべき程のものであつた」と評されている(『東亜先覚志士記伝(中巻)』)。結果として孫文は北上することはなかったが、袁世凱も北京で発生した兵変を口実に南下することはなかった。この兵変は袁が北京に居座るための自作自演の事件であった。

頭山が孫文と袁世凱との妥協に反対だった理由は、中国が孫文のもとに統一されてこそ日中提携の可能性が高まると考えたからにほかならない。頭山は、かつての金玉均暗殺以来、袁世凱に強い不信感を抱いていたことは間違いない。しかも、袁は朝鮮駐箚時に日本勢力の排除に務めたことがあり、そのような人物に権力を譲り渡すことは、日本にとって得策ではないと考えたことは当然であった。むしろ、親日的姿勢を採る孫文のもとに革命が貫徹され、統一国家が樹立される方が、今後の日本の大陸政策に有利なものと考えられたのである。

最終的に中国の南北講和は成立し、頭山らの望むところとはならなかった。頭山は南北の妥協に不満であったことは確かだが、孫文に自分たちの意見を強いることはしなかった。

革命の基本方針は、革命の最高指導者である孫文が決定すべきものであると考えたからである。加えて、革命派の幹部は交渉の内容についても、日本人支援者たちに秘して知らせなかった。これは、非礼とも取られかねない対応であったが、頭山らは決して咎めだてすることはしなかった。彼は日本人としての立場を十分にわきまえていたといえる。当時、汪精衛《おうせいえい》（兆銘《ちょうめい》）が犬養を「厳師」に譬える一方、頭山は「慈父」のようだと評していたとは、頭山のこうした姿勢に関連しているのかもしれない。

頭山が帰国の途についたのは三月半ばのことである。上海から出航する際には、革命派からは何天炯ら数名の幹部が見送りに来ただけだった。船が呉淞《ごしょう》砲台の沖を通過している時、頭山は白い鷗が群れをなして飛んでいるのを見て、「支那人に代つて鷗が見送りして呉れる」と述べたという。頭山は帰国後、日比谷松本楼で開かれた歓迎会で、中国の現状を問われた際、「支那の今度の革命は膏薬療治ぢや。本当の切開手術をしないから、今に見ろ、また処々に吹き出物がするよ」（同前）と述べていた。意味深長な発言だが、後に見るように彼の予言はすぐに現実のものとなる。

辛亥革命への関わりを終えて、頭山個人の世間的評価との関わりで注目しておくべきことが一つある。それは、中国から帰国後の六月、彼の初めての半生記である『天下之怪傑頭山満』が出版されたことである。この本は、頭山の幼少期から辛亥革命への関わりまで

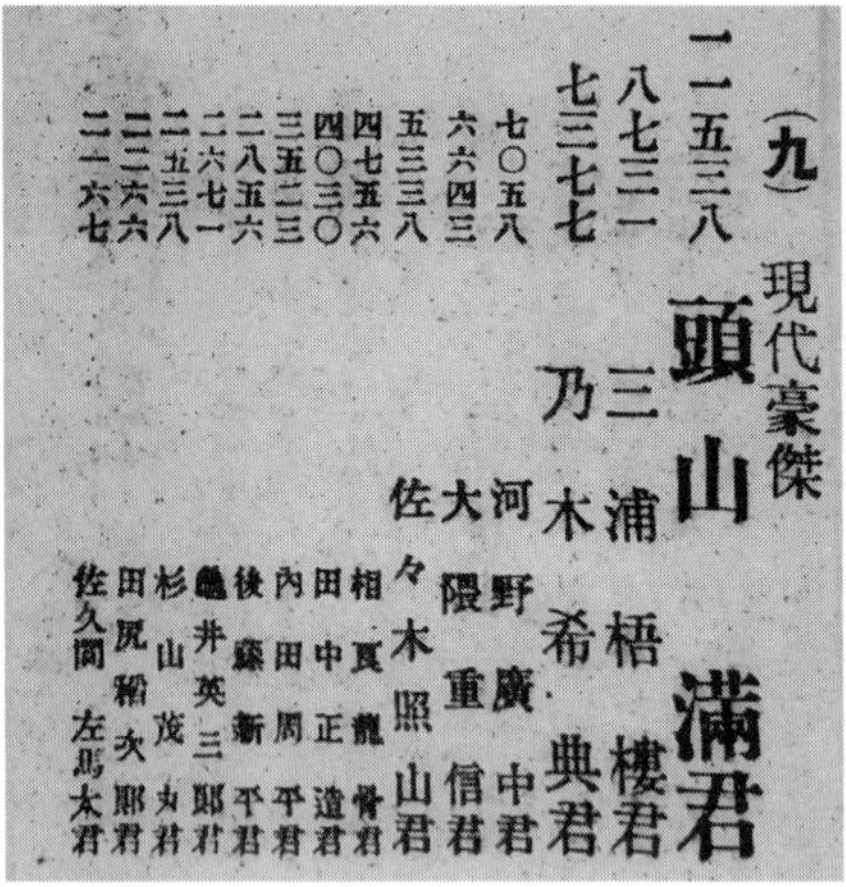

（九）現代豪傑

一一五三八	頭山満君
八七三一	三浦梧樓君
七三七七	乃木希典君
七〇五八	河野廣中君
六六四三	大隈重信君
五三三八	佐々木照山君
四七五六	相眞龍骨君
四〇三〇	田中正造君
三五二三	内田周平君
二八五六	後藤新平君
二六七一	龜井英三郎君
二五三八	杉山茂丸君
二二六六	田尻稲次郎君
二一六七	佐久間左馬太君

現代豪傑ランキング（『冒険世界』1910年）

を、私生活の側面まで含めて手際よくまとめたものである。著者の吉田俊男という人物についての詳しいことは不明だが、書かれている内容からして、頭山と極めて親しい間柄にあった人物だと推察される。

明治四〇年代に至るまで、世間では頭山の名はすでに豪傑のイメージをもって語られるようになっていた。一九〇二（明治三五）年一月の雑誌『日本人』において、福本誠（日《にち》南《なん》）は「一代の人物」という文章で、頭山を「一代の豪傑」の一人として取り上げ、「今の世に在りて、春秋に富み、斤量《きんりよう》に富み、為すあるの資を具ふる者を求むれば、頭山満君あり」とし、「闊達大度《かつたつたいど》の量」を持ち、「抜山蓋《ばつざんがい》世《せい》の気」を負う人物だと評していた。

また、一九一〇年に雑誌『冒険世界』（博文館発行）が「痛快男子十傑」を募ったところ、頭山は「現代豪傑」部門で一万一五三八票を獲得し、二位の三浦梧楼（八七三一票）を押さえて堂々の一位に輝いた。三位以下は、乃木希典《まれすけ》、河野広中、大隈重信らであった。こうした世間的評価のある中で、吉田俊男による半生記の出版は、頭山の豪傑イメージをさらに広める役割を果たした可能性もあるだろう。

†孫文の再亡命と頭山満

袁世凱に臨時大総統の地位を譲った孫文は、籌画全国鉄路全権という職に任じられ全国の鉄道整備と実業振興に務めていたが、一九一三(大正二)年二月から三月にかけて日本を公式訪問した。二月一四日、孫文一行が新橋駅に到着した時、駅には二千数百もの人が出迎えに集まり、その中には頭山満の姿もあった。この時の訪問は、国家建設と国際戦略の両面で日本との提携を進めることを目的としていた。そのことは、翌一五日に開催された東亜同文会主催の歓迎会の場で、孫文がアジア主義の立場から日中提携の必要を説いていたことからも窺える。

二月一六日の夜、孫文は芝の有名料亭である紅葉館で、頭山、犬養毅、寺尾亨らと宴会を行っている。三月一八日には福岡に玄洋社を訪れ、翌日には熊本に宮崎滔天の実家を訪ねている。来日中の孫文のスケジュールを見ると、そこには革命運動で支援してくれた人々に感謝する心配りが含まれていたことが分かる。しかし、三月二二日に宋教仁《そうきょうじん》暗殺の

玄洋社墓地を詣でる孫文

報せが飛び込んで、孫文は翌日長崎から急遽帰国の途に就くこととなった。

その後、袁世凱は政敵である国民党を様々な形で挑発し、一九一三年七月、李烈鈞《りれっきん》の江西省での蜂起を機に第二革命が発生するに至った。しかし、袁世凱は優勢な軍事力でこれを鎮圧し、独裁体制への道を歩み始めた。そのような状況の中で、戦いに敗れた孫文は再度亡命先を日本に求めることになる。

一九一三年八月九日、孫文は福州から台湾、門司を経て神戸港に到着した。しかし、時の日本政府（山本権兵衛《ごんべえ》内閣）は、袁世凱政権に配慮して孫文の上陸を許可しない方針を採った。袁世凱と親しい伊集院彦吉《ひこきち》の意見があったためだともいわれている。孫文は船中から、萱野長知に「来神せよ船中にて待つナカヤマ

（孫中山）」との電報を打って救援を依頼した。萱野はこれを受けて、犬養と頭山に相談したところ頭山は即座に救援を約束した。

頭山は、わずか数カ月前に孫文が来日した際には、朝野を挙げて歓迎したにもかかわらず、一旦敗者になると誰も相手にしないとは何事であるのかと憤り、「オレ等はコンナ時にこそ大に歓迎するのだ、孫は金に綺麗な男だから其裸体で一文も持つてくまい、懐中を聞いてくれ、何んとかして送るから」と萱野に伝言したという（萱野長知『中華民国革命秘笈』）。彼は、窮鳥を殺すことは武士道に反すると考えていた。

萱野の手配で孫文はどうにか神戸に上陸を果たし、諏訪山にある一軒の別荘に身を潜めた。その後、東京から頭山らの意を託された古島一雄、島田経一、菊池良一らが神戸に来て、孫文の前途のための計画を練った。この間、東京の犬養毅からの電報があり、山本首相が孫文の入国を認めたことが皆に知らされた。犬養との膝詰め談判で山本は入国を渋々認めたのだが、帰り際の犬養の背後で山本は「厄介は厄介じゃなァ」と呟いたということである（古島一雄『一老政治家の回想』）。この時、神戸には革命派の胡漢民《こかんみん》、廖仲愷《りょうちゅうがい》も来ており、萱野の仲介で孫文と面会を果たしている。

孫文の神戸上陸の後、頭山は新聞のインタビューに答える中で、日本政府が初めに孫文に冷淡な態度を採り、アメリカへでも追い払えとしたことは批判しながらも、一転して滞在を認めたことは評価するとした。そして、孫文らが革命以前に日本に亡命していた時と違って、今回は地位も名望も雲泥の差があるため、日本人は彼らに敬意を表さなければならないとする。そして、「殊に彼等は寺尾、副島《そえじま》（義一《ぎいち》）等を礼を厚うして顧問に招いた。我国人に対しては比較的厚意を有つて居るのだから、大に保護する必要がある」（「亡命客を保護せよ」）と述べていた。頭山は浪人として彼らを支援することを宣言したのである。

八月一八日、孫文は東京に向かい、赤坂区霊南坂町にある頭山邸の隣家（海妻猪勇彦《かいづまいさひこ》邸）に落ち着いた。頭山は上京して以来、何度か転居しているが、当地には一九〇六年（明治三九年）七月から住んでいた。その一帯は、旧福岡藩主黒田長成《ながしげ》侯爵の地所であり、福岡士族である寺尾亨、頭山、海妻は黒田家の持家に隣り合わせに住まう借家人であった。頭山・海妻両家は、庭づたいに行き来できるように、境に木戸が作られていた。かくして、孫文は安全圏に入ったといえる。これ以後、一九一六年五月に日本を去るまでの第二次亡命生活は、以上のような頭山らの援助によって可能になったということができる。

海妻の子息である玄彦《はるひこ》は、少年の目から見た孫文の亡命生活を記している。それによると、海妻邸は霊南坂から入り組んだ道を通る以外に玄関にたどり着くことはできず、隠家としては最適の場所であった。頭山はそこまで考えてこの家を選んだのである。玄関には受付を置き、その脇の部屋は刑事の待機所とされた。刑事は二人ずつ昼夜交代制で、彼ら

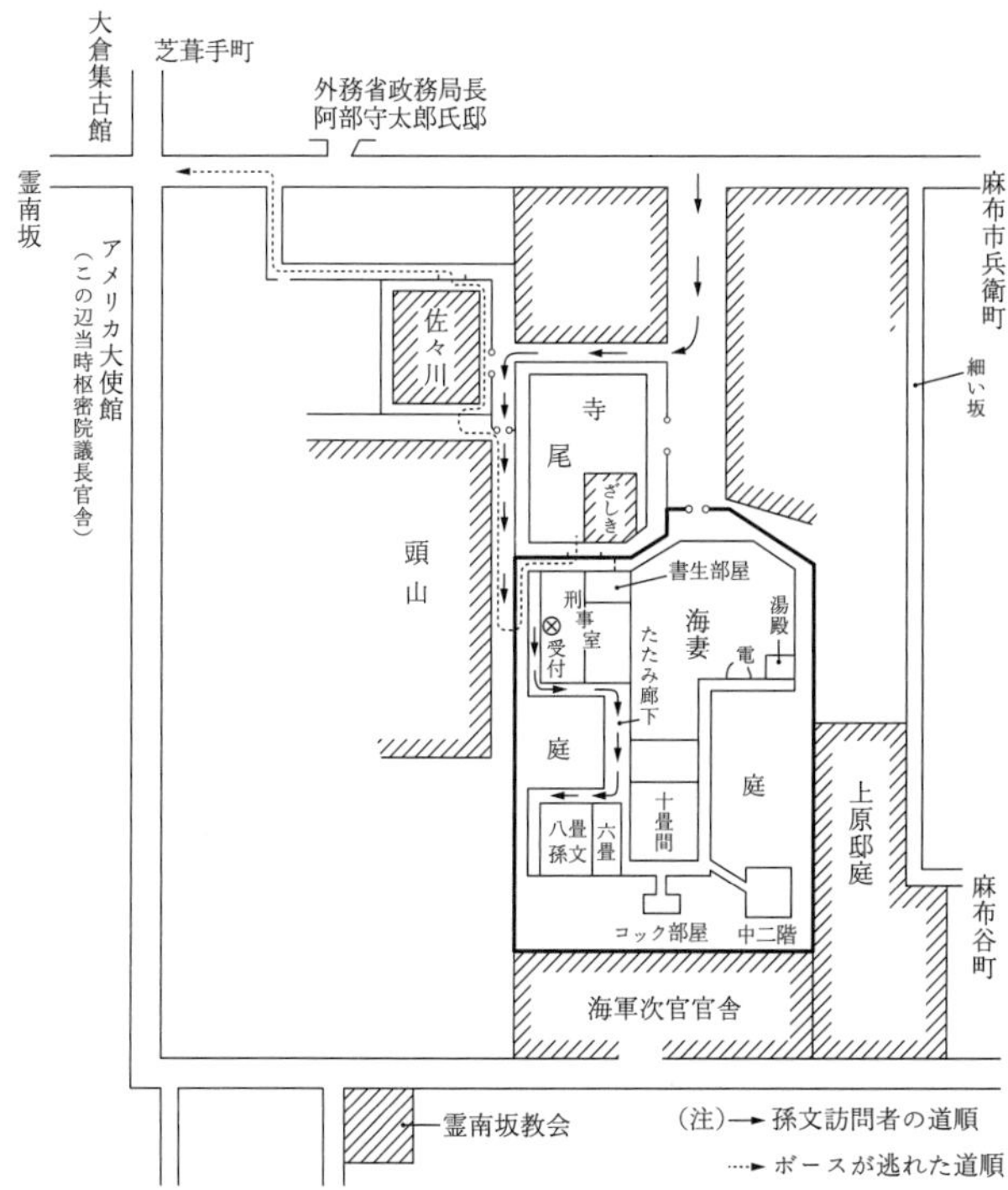

孫文の隠家（海妻玄彦「孫文の日本亡命とその隠家の生活」より）

の食事は海妻家が用意し、費用は全て頭山が負担したという。参考までに、海妻邸の見取り図を示しておく（上図参照）。

海妻邸滞在中の孫文には、革命派の人々が入れ代わり立ち代わり面会に訪れた。彼らは細い路地を通って、玄関の受付で記帳を済ませ、所持品を確かめられた上で入室を許された。今日、外交史料館に「孫文ノ動静」などの資料が残されているが、それにはここに詰めた刑事たちが書いたものも含まれているだろう。この時点での孫文は、警察に監視されていたのではなく、実質的に保護されていたともいえる。なお、孫文の身の回りの世話は、ただ一人連れてきた中国人の料理人に任せたということである。

在日中の孫文に対し、頭山は隣家に住んでいるため何かと面倒を見ていたらしい。そんなある日、事件が起こった。孫文が来客を送った後、急に気分が悪くなり倒れたのである。客は初対面の中国人だったので、その人物は袁世凱の放った刺客で、わずかの隙に茶に毒を入れたのではないかと想像された。しかし、その場に英語を話せる者がいないため、頭山が機転を利かせて身振り手振りで咽喉に指を突込み嘔吐の真似をすると、孫文はすぐに頷いて吐き出した。

やがて到着した医師の診察で、毒薬の不安は解消したが、頭山の臨機の処置は極めて適切だったと評価された。こうしたこともあって、この度の亡命生活において、孫文はそれまでにもまして頭山や犬養との距離を縮めることになった。孫文が頭山の思想の本質を真に理解し、絶対的ともいえる信頼感を覚えたのは、海妻邸在住時代を経てのことだとする評価もある（『筑前玄洋社』）。

日本滞在中の孫文は、公私両面で大きな転換を遂げた。まず、革命運動においては、これまでの革命運動の挫折が指導政党の組織的散漫性にあるとして、一九一四（大正三）年六月に中華革命党を創立し、自らが総理に就任した。これは秘密結社的組織であり、総理は全ての活動を指揮する権限を持ち、本部は単なる事務局として規定されていた。そのため、一部からはこれを孫文の個人政党だとする批判もあった。それまでの盟友だった黄興は、孫文の独裁的姿勢を批判して日本を離れていったほどであった。

私生活の面では、孫文は一九一五年一〇月二五日、宋慶齢《そうけいれい》と結婚した。この時、宋慶齢は二二歳で孫文とは親子ほどの年齢差だった。式場は牛込区袋町五番地にある和田瑞《みず》の自宅であった。和田は弁護士として記されている文献も多いが、実際は中国との貿易業を営む人物であった。同日の公安警察の記録には以下のようにある。

四時三十分孫文は同宿の宋慶林《ママ》を伴ひ自動車にて外出。牛込区袋町五番地和田瑞方に至り、晩餐の饗応を受け、全七時和田を連れ自動車にて退出、赤坂区溜池待合三島へ和田を送り全七時三十分帰宅せり。（「孫文ノ動静」）

当日の出席者の中で、日本人がどれくらいを占めていたのかは分からない。しかし、頭山はもちろん、秋山定輔《ていすけ》、山田純三郎、萱野、菊池良一らはその中に含まれていた。この結婚は糟糠の妻との離婚を経てのものであったため、一部には孫文に批判的な声もあった。しかし、宋慶齢がこの後半年間の滞日中の孫文の活動を支えたことは間違いない。

第三章

中国からインドへ

1 大正初期の日中関係と頭山満

†きしむ日中関係

一九一三（大正二）年三月二八日、築地精養軒において日華国民会の発会式が行われた。日本側からは頭山満、犬養毅など、中国側からは汪大燮《おうだいしょう》、胡瑛《こえい》ら日本滞在中の政治家たちが出席した。四月に発表された趣意書によれば、この組織は「日華両国々民《ママ》聯合の実を挙げ、以て東亜の大局を維持し、永遠に両国々民の福祉を増進する」ことを目的とするものであった。頭山は常務委員に名を連ねている。

しかし、その後の袁世凱政権と国民党の対立の激化、そして第二革命の勃発など中国の政治情勢の混乱もあってか、日華国民会が活動らしきことをした形跡はない。ただ、頭山個人についていえば、彼はこの後の日中問題に関する組織や会合において、発起人や役員に名を連ねることが多くなる。彼は革命支援活動の実績などによって、日中問題についての重鎮と見なされるようになったということができる。

同年夏、第二革命の混乱の中で、日本人が北軍（政府軍）によって監禁・殺害・略奪される事件が連続して発生した。兗州《えんしゅう》事件、漢口事件と南京事件がそれである。

最初の兗州事件は、八月五日、北支派遣隊の川崎享一大尉が視察中に南軍（革命派）のスパイと誤認されて監禁された事件である。次の漢口事件は、八月一一日、中支派遣隊の西村彦馬少尉が、警戒線内に入り北軍兵士により監禁され暴行を受けたという事件だ。最後の南京事件とは、九月二日に張勲《ちょうくん》指揮下の軍隊が南京を攻め落とした際に、都督府にいた日本人が脱出したが、逃げ込んだ先で略奪に遭い、さらに日の丸を掲げて領事館に逃れようとしたところを射撃を受け、死者と負傷者を出したという事件であった。

これらの事件に対し対外硬派は激昂した。彼らは激烈なる言論をもって世論を高めようとしたのである。九月四日、頭山満、犬養毅をはじめとする「対支臨時有志」を名乗る一三人が、東亜同文会楼上で南京事件有志会という緊急会議を招集・開催した。そして、種々協議の結果「支那軍隊の我が国旗および良民を陵辱したる事件に対し政府は先ず外交談判の保証を占取するを要す」との決議を上げた。また、黒龍会や対支連合会などからなる対支同志連合会も、事件に対して国家の威信保持と居留民保護の観点から、政府は迅速かつ強硬な手段を取るべきだと決議していた。

九月五日、中国への派兵に批判的な姿勢を示していた外務省政務局長の阿部守太郎が、二人の青年に殺害されるという事件が起きた。犯行は大陸浪人岩田愛之助の教唆によるも

●對支交渉顛末
▽七日外務省發表

21カ条の要求を報じる東京朝日新聞（1915年5月8日付）

のであったが、その背後には頭山や内田良平らの指示があるともいわれていた。岩田はこの年に中国から帰国した後、頭山らに急速に接近していたことは事実として確認できる。頭山は、政府が袁世凱政権に対して強い姿勢で望むことを求めてはいたが、実際に暗殺の指示を出していたか否かは判然としない。しかし、犯人の一人である岡田満が頭山の熱烈な信奉者であり、自殺した岡田の墓碑銘を頭山が揮毫していることからすれば、結果的に彼が犯行を是認したことは間違いないであろう。

　一九一四年七月、第一次世界大戦が勃発すると、ヨーロッパ勢力が中国から後退したすきを狙って、大隈重信内閣は中国での利権獲得の準備に着手した。加藤高明外相は政府・軍部・財界などの諸要求をとりまとめ、二十一カ条の要求を作成したのである。それは、山東省のドイツ利権の継承などを含むものであった。一五年一月一八日、日置益《えき》公使は袁世凱に会見し要求を提出した。袁世凱は中国の主権を無視するものとして初めは拒否したが、軍事力を背景とした日本の圧力のもとに主要な要求を承認し、同月二五日には諸条約・交換公文に調印することとなった。

頭山は日本が中国に強硬姿勢を採ることを求め、四月二七日には田中舎身らと対支問題懇親会を開催していた。頭山は日中間の交渉の過程を見て、日置の交渉の仕方を「角力《すもう》にならぬらしい」と批判していた。強硬さに欠けていると見たのである。頭山は次のように述べている。「日本が断乎として武力に訴へたならば、英国や米国が苦情を持ち込みはしないかと、外務省辺《あたり》で心配して居るやうであるが、夫れは杞憂に過ぎない。先づ無しと断言してもよからう。いつも〳〵先方の言ひ条ばかり聞いて譲歩、延期では反つて我国の真意を誤らしむる虞《おそれ》がある」(「断然武力に訴へろ」)。

実際、袁世凱政権は諸外国の干渉を求めてアメリカ駐華公使に要求の内容をリークした。しかし、アメリカ政府は「中国政府の顧問として日本人を雇用すること」を内容とする第五号には反対の意を示したものの、他の条項では妥協的姿勢を示した。頭山の予想は概ね当たっていたということができる。

頭山の考えによれば、交渉での譲歩や延期は一定限度までのことであり、それ以上の点では初めから腹を決めてかからなければならないとされる。そして、日本政府の態度が曖昧で、武力行使論も一種の脅しに過ぎないと見られているようでは、とても日本の言い分など通るはずはない。この際、日本としては断乎たる手段に出て、少しの譲歩もすることなく日本の真意を知らしめ、目的を貫徹すべきだというのである。ここでいう「断乎たる手段」とは、武力行使を意味すると見られるが、頭山としては、仮にそのような事態になったとしても、「風雨一過の後には、反《かえつ》て日支両国の親善を増し、彼我国交の基礎を固からしめる事になる」と考えていた。ここには、後年の日中戦争時期の彼の中国に対する姿勢につながるものを見出すことができる。

†帝制復活、そして黄興の死

中国の政治的動向に目を転じよう。日本の二十一カ条要求を受け入れた袁世凱は、念願の帝制復活へと足を踏み出していた。一九一五（大正四）年八月、政府の法律顧問であるフランク・グッドナウが帝制復活を鼓吹する論文「共和と君主論」を発表すると、これに呼応する形で、世論を高めるべく楊度《ようたく》らの籌安会《ちゆうあんかい》などが組織され、一〇月には国民代表大会が開かれて国体投票が行われた。その結果は全票が「君主立憲」に賛成するもので、袁世凱は皇帝に推戴された。一二月一一日、袁はこれを受諾し、一六年一月をもって帝制を復活させ、国号を中華帝国とし、年号を洪憲《こうけん》と改めた。

この頃から頭山の袁世凱批判の言論活動は活発化する。二月二七日、彼は築地精養軒において対支問題有志大会を開催し、袁世凱排除を決議した。国内での反対運動の高まり、第三革命の勃発によって、袁世凱は三月二二日に帝制を廃止するが、頭山は二四日に衆議院各会派の指導者を集め、中国問題についての意見の統一を図った。二六日には浪人会春季大会が芝浦の月見亭で開かれ、「今次支那の動乱はその責一に袁政府にあり、速に袁氏をして引責の実を挙げしめんことを期す」と決議した。頭山は、国内における袁世凱批判の世論形成において、一定の貢献をしたということができる。

黄興

一九一六年四月二二日、アメリカのフィラデルフィアに滞在していた革命の元勲・黄興が帰国の途に就いた。中国の政治情勢が急を告げたためである。一九一四年に革命路線の違いから孫文と袂を分かって渡米して以来、二十数カ月ぶりの帰国ということになる。

この時の黄興は、どうしても中華民国の復活を見届けたい気持ちがあったに違いない。というのは、袁世凱打倒のための第三革命は章士釗《しょうししょう》のように黄興を指導者と仰ぐ人々が、軍人や政治家と連絡を取りつつ計画したものであったからである。孫文や中華革命党は決して排除されていたわけではないが、彼らが第三革命の計画に加わる余地はほとんどなかったといってよい。一九一六年一月、各界の支援を求めて章士釗が日本を訪問した際、孫文を訪ねている。この時、孫文は革命計画への参加を熱望し、黄興との関係回復を取り持ってくれるよう要請したが、章はこれを断っていた。黄興支持者と孫文の間には依然としてしこりが残っていたのである。

黄興は湖南省長沙の人で、一九〇二（明治三五）年に官費留学生として日本に渡り、新思想に触れ次第に革命を志すようになった。翌年、湖南に戻って革命団体華興会を組織し、〇四年に蜂起を企てるが失敗し、再度日本に亡命した。〇五年七月、宮崎滔天の計らいで孫文と出会い革命派の大合同へと向かうこととなる。翌月の中国同盟会成立後は、武装蜂起の前線指揮官として活躍し、その勇猛果敢な戦いぶりは敵からも称賛されるほどであったといわれている。

中国同盟会を支援していた頭山は、日本滞在中の黄興と会う機会はかなりあったと推測される。しかし、頭山は孫文を全面支持する姿勢を採っていたこともあってか、彼と決別した黄興に関する口述はほとんど残していない。口述以外の記録として残されているのは、革命勃発後の一一年一二月の上海での二人のやり取りだけである。

それは、朝日新聞の記者であった中野正剛《せいごう》が上海から送ったレポート「孫逸仙、黄興両氏の風采」の中に記されている。中野は一二月二七日に上海に到着し豊陽館という日本旅館に投じたところ、間もなく黄興が訪ねて来て同宿の頭山と会談することとなった。中野はこの時の二人の会談を漢文の筆談で通訳したのである。

その記録によれば、黄興はまず頭山に対して多年にわたる厚意に感謝した上で、諸外国が中国の政体に干渉しないよう日本の有志に助力を願いたいと述べた。頭山はこれに対し、「日本国民の世論が一般に無偏不党に決せる事実を述べ、且友邦の識者が速かに時局を解決し、土匪流賊《どひりゅうぞく》をして蜂起するに暇あらざらしめ、以て列国の杞憂を解き、以て東亜永遠の平和を確立せられんことを望」んだとされている（緒方竹虎『人間中野正剛』）。ここからは、頭山の黄興に対する感情や人間的評価は窺うことはできないが、両者の間の信頼関係は確認できるであろう。

さて、話を一九一六年四月に戻せば、この時の黄興は日本経由での帰国を計画していた。当時のアメリカの邦字紙の記事によれば、黄興は「日本には友人も沢山ありますす故、先づ東京へ行きまして種々相談して今後の計画を立てます」と述べていた（「革命党の首領黄氏帰国の途に就く」）。五月八日、黄興は日本船の春洋丸で横浜入港の直前に、官憲差し回しのランチに乗り換えて久里浜に上陸した。同日午後、黄興一行は御殿場に到着し、当地の寺尾

陳其美追悼会での集合写真

亭の別荘に宿泊した後、上京と称して姿をくらました。

日本滞在中の黄興は、日本人支援者とは頻繁に接触していたものと推測される。しかし、確認できる事実としては、六月三日、前月に暗殺された革命派の陳其美《ちんきび》の追悼会で会っていることぐらいでしかない。鶴見の総持寺で行われた陳の追悼会には、宮崎滔天や頭山も出席していた。だが、黄興と日本人との個人的な面談についての記録は残されていない。あるいは、頭山は二月における章士釗と孫文の会談の一件を知っていたのかもしれない。そうだとすれば、頭山は黄興に対して何らかの複雑な感情を抱いていたとも考えられる。もちろん、これは飽くまでも想像の域を超えるものではないが。

七月四日、黄興は門司から帰国の途に着いた。帰国後の黄は政府の要職に就任することは確実といわれていた。しかし、黄興は疲労が重なり一〇月に吐血して入院し、三一日に上海の病院で死去した。死因は肝臓疾患であった。日本では、一一月一七日に芝の青松寺で追悼会が行われ、犬養、頭山、寺尾亨、渋沢栄一ら五〇〇名が出席している。発起人を代表して犬養が追悼文を読んだが、それは「言言肺腑《はいふ》より出で声涙共に下るの有様に、満場何れも感に打たれて惨として声を飲んだ」といわれるものであった（「黄興追悼」）。一八年一二月には、頭山、犬養、寺尾らが発起人となって総持寺の境内に記念碑が建てられた。

黄興の碑

中国では、一九一七年四月一五日、黄興の葬儀は長沙で国葬として執り行われ、日本人では生前最も親交が深かった宮崎滔天が参列している。一八日には、滔天と遺族の手によって、黄興の愛玩物数品と久《く》原《はら》房《ふさ》之《の》助《すけ》から贈られた日本刀一振りを石室に納め、最後の告別と記念撮影をして石門を閉じたという。

†第一次世界大戦参戦について

北方の政権に眼を転じれば、袁世凱が没した翌日の一九一六年六月七日、副大総統の黎元洪が大総統に昇格した。黎はもともと清朝の軍人であったが、武昌蜂起後は湖北軍政府都督（軍政長官に相当）に擁立された人物である。中華民国成立後は袁と反対派の間の緩衝材的人物であったが、今や国家の最高の地位に押し上げられたのである。他方、袁の権力基盤であった北洋軍閥は段祺瑞《だんきずい》を頭とする安徽派と、馮国璋《ふうこくしょう》を頭とする直隷派とに分かれていたが、黎元洪は安徽派の段を国務総理に任命した。

段祺瑞ら安徽派にしてみれば、大総統とはいってもあくまで傀儡に過ぎず、政治の実権は当然総理が握るものと考えていた。だが、黎元洪は傀儡であることに満足しなかった。これは安徽派にとっては誤算であったに違いない。この後、大総統府の長である黎元洪と国務院の長である段祺瑞は対立を深めていく。世にいうところの「府院の争い」である。抗争が高まる原因の一つとなったのは、第一次世界大戦への参戦問題であった。

参戦を主張したのは、日本の意向を受けた段祺瑞であった。日本は北京政府への影響力を確立すべく、アメリカの働きかけに対抗して、自らの主導権のもとに中国を参戦させようとしたのである。これに対して黎元洪は参戦に消極的であった。両者の間の緊張は高まり、業を煮やした段は内閣総辞職を断行する。これに対して、黎は馮国璋、徐世昌《じょせいしょう》らを国務総理に据えようとするが相継いで辞退されたため、やむなく段に再組閣を依頼し、妥協策として三月一四日に中華民国はドイツとの国交を断絶した。しかし、段が四月に国会に提出した参戦建議は否決されてしまう。そこで段祺瑞は、各省の軍政長官である督軍を使って国会に圧力をかけることとなった。

以上のように混沌とした中国情勢に対し、頭山は黎元洪を支持する立場を示した。彼は、黎元洪が督軍団の圧力に負けて国会を解散させるようでは、段を解任しようとした意気が無駄になるとし、「支那の治平」と「東亜の大計」のためにも、黎は自らの主張に殉じるほどの姿勢を示すことが必要だとしている。しかし、頭山のこうした姿勢は、彼の黎に対する直覚的な信頼感に基づいていたようである。

黎元洪

頭山は黎元洪の主義主張については、おそらく知るところはなかっただろう。頭山は辛亥革命勃発後に武昌で黎と出会っているが、その時の印象を、「お互に言葉が分らぬので手を握つて微笑を交した丈だが、却々《なかなか》見事な骨柄だ」と述べている。ここでは、ただ黎元洪を知っているというだけで、一方的な信頼感を示していたように見える。頭山は、よく分からないながらも、黎という人物の中に、彼が日頃よく口にする「死にきれる」精神の存在を期待したものと考えられる。

頭山によれば、中国の参戦案なるものはもともと「愚の骨頂」であって、連合国に加わることは中国の利益のみならず、日本にも影響を与えかねないものだと考えられていた。彼のこうした姿勢は、当時の寺内正毅《まさたけ》内閣の対中国政策とは方針を異にするものであった。すなわち、寺内は早くから中国の参戦支持へと方針を転換させていたが、一九一七（大正六）年七月に援段政策を決定した後は、積極的な武器援助などを行っていたのである。

こうした動向に対して、頭山らが組織した日支国民協会は一〇月一三日、内政不干渉主義に反するとして反対決議を挙げていた。当時、孫文は「中国の存亡問題」を書き、中国の参戦に反対の態度を表明していた。この時点で、頭山が孫文の主張の詳細を知っていたかどうかは定かではない。しかし、孫文は頭山らの動向を把握していた。それは以下の頭山宛ての書簡から確認することができる。

私は昨秋南下してより、国内の同志たちとともに護法を誓いながらも、非力なるがゆえに未だに成果を上げることができておりません。東の方（日本を指す——引用者註）を望めば、誠に慚愧に堪えないものがあります。先生が我が国の改革と、東亜の興隆に関わることは、十年一日のごとくであります。この度は、さらに日支国民協会を設立されたとのことで、我が国が恩恵を蒙ることには多大なものがあります。大恩には感謝の言葉もなく、ただ今後それに報いるべく努力を誓うのみであります。(「致頭山満函」一九一八年一月二一日)

この書簡からは、孫文が頭山たちの活動に励まされていたことを知ることができる。頭山の黎元洪に対する支持は、孫文の革命運動とは全く異なる次元でのものであったが、彼の参戦問題に対する姿勢は、結果として孫文と歩調を合わせることになったといえるだろう。

なお、孫文は一九一七年九月より広州に中華民国軍政府を樹立していたが、翌年五月、軍政府が改組されたため広州を離れた。そして、汕頭《スワトウ》、台北などを経て門司に到着し、その後は頭山や寺尾亨、宮崎滔天らと箱根などの地に遊んでいる。この時の日本滞在は二週間余りだったが、孫文としては、日本を訪問すれば彼ら支援者たちと会うのが常だった。

2　頭山満のインド支援

†ラース・ビハーリー・ボースの来日

辛亥革命によって中華民国が樹立された後、頭山満は祝意を表する人に向かって「支那が済んだら印度ぢや」と述べたといわれる。彼のインドへの関心の高さが窺われる言葉である。頭山のインド問題との関わりは、一九一五（大正四）年一一月におけるラース・ビハーリー・ボースの日本亡命事件に始まる。

インド民族運動の指導者であるボースが日本にやってきたのは、一九一五年六月のことであった。彼は一九一二年一二月、デリーでインド総督ハーディングに爆弾を投げつけて負傷させ、一五年二月にはラホール兵営反乱事件を起こし、インドを逃れ日本に渡ることを決意する。ちょうど、この年の五月に詩聖タゴールも日本に行くという噂があったので、彼は名をP・N・タゴールという親戚の者だと偽り、タゴール本人の渡日準備のため、そして自身の留学の目的で日本に行くのだと称して切符を手に入れた。彼はカルカッタから日本郵船の讃岐丸に乗船し、経由地であるシンガポール、香港でのイギリス官憲の追及を免れて神戸に到着することができた。

ボースは六月八日の夜一一時ごろ、東京の新橋に到着した。彼は駅を出たが、言葉が通じない上、方角も分からず途方に暮れていると、英語の分かる一人の巡査がやってきて、彼の相談に乗ってくれた。その巡査は非常に親切で、宿へ案内した上、食事のことまで至れり尽くせりの世話をしてくれた。そして、翌日から住む家を借りる手配までしてくれたという。ボースは東京麻布の笄《こうがい》町に居を構え、日本滞在中のインド人たちと連絡を取り合うことになる。だが、彼の行動は間もなく警察の知るところとなり、当局から要注意人物として監視下に置かれることとなった。

七月に入って、ボースは新聞で孫文が日本にいることを知り、彼との面会を強く望んだ。

ラース・ビハーリー・ボース

この時、孫文は側近の戴季陶《たいきとう》、胡漢民と箱根に滞在中であったが、二八日、ボースはバグワーン・シンほか一名のインド人を伴い箱根に向かった。当日は旅館に断られたため会えなかったが、翌日午前には孫文と二時間以上にわたって会談することができた（「孫文一行ノ動静」）。ボースにとっては意外なことであったが、孫文はすでに彼が日本にいることを知っていた。孫文は、アメリカにいる知人からの手紙によって、ボースの情報を得ていたのである。「あなたが何処《どこ》に来て居《お》るかと、東京中をサン〳〵捜して居つた」、とはこの時の孫文の言葉であった。

箱根での孫文とボースの会談の内容については明らかではない。しかし中島岳志が記すように、ボースが孫文に、武装蜂起による独立運動のあり方について熱心にアドバイスを求めたものと推測される（『中村屋のボース』）。この後、ボースは孫文のもとを何度も訪ねたといわれる。外務省記録によれば、一〇月一四日に孫文を訪問したことが確認されている。孫文がボースに対して、「どうせこの儘では隠れて居られない。そのうち（身元が——引用者註）暴露してしまふから今の中《うち》に日本の色々な指導者と会って置いたら宜しからう」と述べ、頭山と寺尾亨を紹介したのは、おそらくこの日のことであろう（『巨人頭山満翁』）。

ボースは翌一〇月一五日、赤坂霊南坂に住む寺尾のもとを訪問しているが、頭山を訪ねたのはそれから一カ月以上も経った一一月二四日のことだった。ボースを頭山のところへ連れて行ったのは、孫文から依頼を受けた宮崎滔天だった。その当時、ボースはまだ日本語を解さなかったので英語で話し、滔天が少しずつ通訳する形で話をした。頭山によれば、「その時は、たゞ何といふ事もなしに話に来たゞけであつた」という（薄田斬雲『頭山満翁の真面目』）。しかし、ボースが警察の監視下にあることを伝え、頭山に助力を訴えたことは十分考えられる。おそらく頭山はこれに応じたであろう。

孫文の予見通り、ボースの身元は間もなく警察当局に知られることになった。彼の同志が持っていた書類をイギリス官憲が分析したところ、「P・N・タゴール」がラース・ビハーリー・ボースの偽名であることが判明したのである。そこで、イギリス政府は日本政府に対してボースの逮捕を正式に要求するところとなった。当初、日本側は要求になかなか応じようとはしなかった。しかし結局、日英同盟の都合上、イギリスの要求を拒否することはできなかった。一一月二八日、日本政府は警察署を通じて彼に五日以内に国外に退去するよう命じた。その理由は、ボースがドイツの諜報員を通じて、密かにスパイ活動を行っているというものであった。滞在期限は一二月二日までとなった。

ヘーランバ・ラール・グプタにも同様の退去命令の措置が取られた。グプタもインド独立運動の活動家であり、ボースよりもやや遅れて来日していた。彼らにとっては国外退去自体も問題なのだが、今一つの大きな問題は、それまでの間にアメリカ行の船便はなく、上海か香港を経由するヨーロッパ航路の船しかなかったことであった。上海や香港に立ち寄れば、イギリスの官憲によって逮捕されることは明白であった。二日までの退去は、二人にとっては生命に関わることであった。次のアメリカ行の船があるのは一二月一五日であるため、彼らはせめてその日までの滞在延長を求めた。

†霊南坂での「神隠し」

ボースとグプタは相談の上、まず世間に退去問題を知ってもらうために、都内の各新聞社に行き事情を説明して回った。ボースが朝日新聞の記者に語っていうには、「惟《おも》ふに、日本に対する爾余《じよ》亜細亜国民の同情を疎隔しようといふのは英国民宿年の国是で、而もこの計画は不幸にして図に当りました。此度日本政府の手に依つて私共に与へられた取扱は、向後三億の印度人が日本に対する心持に重大の影響を及ぼすものである事を御記憶願ひたい」ということであった（『巨人頭山満翁』）。彼らは、アジア人同士を対立させようとするイギリスの企てに乗ってしまった日本に、強い批判を加えたのである。こうした新聞の報道が、世論の喚起に貢献したことは間違いない。

続いて、二人は頭山満のもとを訪れた。しかし、先に述べたように頭山は英語を理解できない。すると、たまたま彼らの尾行に当たっていた刑事に英語を話せる者がいて、二人の通訳に当たってくれた。頭山は事情を聞いて、ポツリと「そうか」といい、「できるだけ尽力しましょう」と静かに答えた。頭山の寡黙さを孫文から聞いていたボースは、その一言を力強く感じ取った。他方、グプタは「ちっとも頼りにならんじゃないか、同情も何もない」と不平を漏らしたという（相馬黒光「ラス・ビハリ・ボース覚書」）。

内田良平が頭山の電話を受けたのは一二月一日未明のことであった。「印度人の問題で相談があるから直ぐ来てくれんか」とのことで、詳しいことは来てから話すということだった。内田が到着すると、そこには玄洋社社員である杉山茂丸もいた。頭山は内田にボースとグプタの事情を説明し、日本の有志者としては彼らの独立運動を絶対に支援してやらねばならないとし、すでに外務省や関係筋に掛け合ったがどうしてもうまくいかない旨を述べた。そして、彼は次のように述べた。

これを助ける道はもはや官憲の手続上では全く余地がなくなつたから、自分としてはどんな手段をとつても、又自分が牢に打込まれることになつても構はぬから、彼等を飽くまで隠してやる方法はあるまいか。俺は不器用で一向さういふことに役に立たぬが、君が一つその隠してやる方を工夫してくれ。(『東亜先覚志士記伝(中巻)』)

そこで、内田は二人の隠れ家を探すことになったのだが、その頃、黒龍会の佃信夫《つくだのぶお》が日本移民協会の幹事長である中村弼《たすく》(「帝大七博士」の一人である中村進午の兄)を通じて妙案を手に入れていた。それは、中村がいつも立ち寄っている新宿中村屋の主人相馬愛蔵がボースの処遇に関心を見せ、「若し隠す必要がある場合は私の方にも相当の信念があります、何なら私の手で印度人の身柄の隠し場を引受けてもよろしい。その事を頭山先生に伝えておいて下さい」と述べたというものであった（同前）。

話を聞いた佃は、すぐにそのことを内田に伝えた。その後、内田は佃と一緒に頭山邸に行ってこのことを告げ、急いで中村と相馬をその場に招き、相談の結果、中村屋にボースとグプタを匿うことに決定した。その計画とは、今夜中に二人を頭山邸に暇乞いに来させることとし、それを機に尾行の警察官をまき、二人を奪い去ろうというものであった。

一二月一日、ボースは家の始末に取り掛かり、若いインド人が来て荷造りをしてくれた。そこへ、新聞記者の誰かが入って来て、これから帝国ホテルで記者会見をやるから来てくれということになった。そこで二人はホテルに行き記者団に会った。彼らは大隈重信に動いてもらおうと会見を求めたが、断られたとのことだった。何か良い策はないかと彼らは考えあぐねていた。その時、「宮崎滔天の友人です」という人が現れ、ボースとグプタに寺尾亨の家で送別会をするのでに来てくれと告げた。彼らは霊南坂に向かった。

ボースによれば、寺尾の家に着いたのは午後五時頃だったという。寺尾邸では盛大な宴会が行われた。この時点では、ボースとグプタは何も知らされていなかった。その後、宮崎滔天がやって来て、二人に向かって「君たちを隠すことにしたよ、秘密にやるのでそのつもりで」と囁いた。隣家——かつて孫文を匿った家である——から目撃した海妻玄彦の記すところによれば、「先生宅の門前には、ボースを乗せてきたタクシーが、その助手台に私服の刑事一名を乗せて、宴終るのを待っている。夜が更けると共に宴はいよいよ酣《たけなわ》である。そのうちに座敷がちょっと静かになった」。

この「静かになった」ということが、二人の逃亡劇の始まりを示していた。海妻邸側からの目撃記では、間もなく寺尾邸との間にあった木戸がそっと開けられ、「二、三の人達が何かこそこそと話しながら頭山先生のお家の方に消えて行った」とされている。ボースとグプタが滔天に案内されて、隣家の頭山邸の玄関から入っていったのである。夜八時頃のことだったという。

この時、頭山邸には内田良平をはじめとして、玄洋社と黒龍会の錚々たるメンバーが十数名集結していた。やがて、誰かが二人に黒いインバネスを着せて帽子を目深に被らせた。そして、玄洋社社員である宮川一貫と白石好夫が二人を台所から外へ連れ出し、そこからは内田良平の誘導で隣家の的野半介の家の裏木戸に入り、的野邸の中を通って台所から庭に出た。内田は一同を霊南坂に誘導し、榎坂に出て対支連合会の事務所前に待たせていた自動車に彼らを乗せて新宿へと向かった。この時の逃亡ルートは、前掲（一〇七頁）の「孫文の隠家」を参照されたい。

ボースらを乗せた自動車は杉山茂丸所有のもので、当時としては珍しい高速度が出る外車で、仮に警察が彼らに気が付いても追跡することはできないだろうと見込んでいた。彼らは「それから何処をどう走つたか分らないが、明るい夜店の所で降された」(ボース「頭山先生に助けられた話」)。そこは新宿中村屋の前だった。到着した時は閉店間際であり、まだ店内には買い物客がいたが、彼らに気付く人はいなかった。

一方、頭山邸に残っていた人々は、夜一一時になると、二人が中村屋に着いた頃だということで帰り始めた。だが、外を見るとまだ尾行の警察官が立っている。そこで、寺尾がなぜここにいるのかと聞くと、頭山のところに来ているインド人が出て来るのを待っているのだという。「インド人ならとっくに帰ったが」と答えると、警察官は狼狽して頭山に向かって、「先生大変なことになりました。若《も》しその人を逃したといふことになれば私達の首が飛びます」と訴えた。すると頭山は、「併し君達四人ばかりの首はどうなつても宜いぢやないか、その為に印度四億の民が救はれるではないか」といったという(同前)。

二人の失踪について、都下の新聞は大々的に報道し、中には「天に翔りしか、地に潜りしか、頭山邸に於ける印度人の消滅」などという見出しを付けたものもあった。

この後、潜伏中のボースは「田口」姓を名乗った。最初、彼がタゴールと称して日本に来た時の名前をもじったものである。他方、グプタはやはり姓名をもじって「久保田」と称した。いずれも、相馬夫人の黒光《こつこう》が思い付いたものであった。

†グプタ、中村屋から逃走す

新宿移転後の中村屋

一九〇一（明治三四）年一二月、相馬愛蔵・黒光夫妻は本郷でパン屋「中村屋」を創業した。「創業」とはいうが、店は前の所有者から購入したもので、屋号は以前のものを受け継いだものであった。その後、〇九年九月に店舗は新宿の現在の地に移転していた。翌年四月、中村屋の裏には六畳と四畳半の部屋からなるアトリエが作られる。それは、画家の荻原守衛《もりえ》（碌山）が中村屋に出入りすることを機縁とするものであった。荻原は完成の日に亡くなる（一九一〇年四月）が、その後アトリエには多くの芸術家や文化人が集まるようになり、いつしか「中村屋サロン」と呼ばれるようになった。

荻原の死後、アトリエの中心人物となったのはやはり画家の中村彝《つね》であった。中村は一九一一年からアトリエに住むようになっていた。彼は初め、相馬夫妻の長女俊

相馬愛蔵

相馬黒光

子を絵のモデルとして描いていた。しかし、次第に恋愛感情を持つようになり、結婚を申し込んだが夫妻に拒まれ、失意のうちにここを去っていた。ボースとグプタの隠れ家とされた場所は、このようないわれのある部屋であった。

相馬夫妻はこの二人を匿うために並々ならぬ決意をしていた。黒光は事件が発覚すれば、自分が勝手にやったのだとして全責任を取る覚悟でいた。愛蔵は店員たちに政府に替わって二人を守り抜くのだと決意を語り、それを聞いた店員たちは慎重に事に対処することを誓った。彼らの意気に応えるかのように、ボースはあらゆる不自由を辛抱して、落ち着いて生活していた。しかし、グプタの方はそうはいかなかった。彼は狭い部屋に閉じ込められていることに耐えられなかったのである。黒光の見るところでは、彼はアメリカの大学を出てから日本に来たため、革命家としての実際の苦労をしていないことに原因があった。ついにグプタは現在の境遇に悲観し、不安と失望に悩まされることとなった。彼はボースに、日本を出てアメリカに行こうと誘っていたという。

そして一九一六（大正五）年二月のある日、グプタが中村屋から姿を消すという事件が起きた。各方面を探したが行方が分からない。支援者たちは、二人を隠匿している事実が発覚するのではと気を揉んでいた。そうこうしているうちに、大川周明が押川方義《まさよし》の名刺を持って頭山満のもとへ訪れたので、ようやくグプタが大川宅にいることが判明した。大川が頭山と会うのはこれが初めてのことであった。

押川は東北学院の創設者として知られるキリスト者であるが、彼の名刺を携えて行ったことからも分かるように、当時の大川は玄洋社や黒龍会関係者の間では全く無名の人物であった。

大川は当時、二九歳だった。大川は東京帝国大学で宗教学を専攻したが、卒業後は定職に就かず、翻訳などのアルバイトで生計を立てながら、図書館でインド哲学を独学する市井の学究であった。

大川がグプタに初めて会ったのは一九一五年初

大川周明

秋のことで、帝大図書館を出て構内を歩いているところを英語で話しかけられ、インドの政治事情などを話し込んだのが縁で知り合いとなっていた。その後は、彼を通じてボースとも面識を持っていた。二人の国外退去期限の日に際しては、大川は「できるだけのことをしたが、もとより無力いかんともし難く、悲痛極まりない気持でその夜は床に就いた」と記している。ところが、翌年二月のある日の午後、思いがけなくもグプタが原宿にある大川宅の玄関に現れた。彼は中村屋を出てから、徒歩で四時間ほどかけて辿り着いたのである。

大川はグプタの話によって、ようやく彼ら二人の退去当日の脱出劇を知った。そして、グプタの話からボースとの間に感情の齟齬があることが分かった。そこで大川は翌日、頭山に事の次第を報告するとともに、グプタを自宅に匿うこと、そして当人の希望を容れてアメリカに行く手筈を整えてほしい旨を告げたのである（大川周明「安楽の門」）。グプタの大川宅での生活は、読書や英字紙の切り抜き、さらには健康面の管理など非常に充実していたという。大川は彼から、本場のインドカリーの調理法を教えてもらったと記している。一九一六年六月、グプタはアルゼンチン国籍の偽造旅券でアメリカ行きを実現させた。切符は寺尾亨が東洋汽船取締役の浅野良三《りょうぞう》に掛け合って手に入れた。出発の日、横浜までの手引をしたのは、黒龍会の葛生能久《くずうよしひさ》であった。

このグプタの事件が機縁となって、大川は頭山に親炙するようになる。大川は、若い頃の頭山が道楽を重ねたことを聞かされた。しかし、大川の前にいる頭山はすでに還暦も過ぎ、「風貌態度いかにも重々しく、押しも押されもせぬ貫禄が自然に備わり、実に行儀よくまた礼儀正しい」い人物であった。大川は次のように記している。

わが頭山翁が権力によらず、黄金によらず、学問によらず、事業によらず、無為にしてよく半世紀にわたる日本の泰山北斗たりしことは、身をもって人格の権威を明示した稀有の実例で、私はただこの一事だけでも翁を明治・大正・昭和三代の最大の師と仰ぐものである。（同前）

これは戦後に書かれた文章だが、ここからは大川が頭山の生き方に完全に心酔していたことが理解されるだろう。この後、彼がアジア主義者として研鑽を深めていくのは、頭山との出会いもまた一つのきっかけとなったのかもしれない。

†ボースのその後

霊南坂でボースとグプタが姿を消してから、イギリス大使館は叛逆者を捕らえようと、必死になって居場所を探していた。日本政府もイギリスに面目が立たないとして、二人の行方を追っていた。時には、政府が支援者たちの結束を破ろうとスパイを潜り込ませることもあった。ある人物の工作によって、寺尾亨が石井菊次郎外相と面会し、インド人の国外退去は撤回するから身柄を政府に預けてはどうかという要請を受けたことがあった。

寺尾から話を聞いた頭山満は、「インド人が絶対に安全を得られるなら、それも良いだろう」と答えたという。しかし、その話を伝えられた内田良平と佃信夫は、「絶対の安全」ということは信じられないとして、協議のうえ、政府の保護は受けても身柄の引き渡しはしないことに決めた。そして、後日行われた頭山と石井の直接会談で、この問題に関わる一切は頭山が預かるということとなった。

その後、四谷見附の三河屋という料理屋で頭山、寺尾、石井による会談が行われた。その席で、まず石井が頭山の尽力に礼を述べ、二人について「いまどうしていますか」という話になった。頭山が「保護してある。もちろん座敷牢同然の不自由な暮らしだ」と答えると、石井は「それはどうも人道上許しがたい」といい、「今後はわれわれの方でも保護の手配をします」と述べた。頭山はそれを了承した形で会談は終わった。そして頭山は、相馬夫妻をはじめとする事件関係者に会談のことを話し、意見を聴取したうえで、石井にボースの居所を明かしたのであった。これによって、ボースは一転して警察から保護され

ボースの支援者たちと、麻布新龍土町で

る対象となり、借家探しまでしてもらうこととなった。

新たに用意された家は、麻布新龍土町（現在の港区六本木七丁目付近）の乃木邸から奥まった所にあった。ボースはここに一九一六（大正五）年三月一五日に移った。中村屋のアトリエには三カ月半いたことになる。しばらくして、ボースは頭山、犬養毅ら支援者たち二〇人ほどを招待してもてなした。この日、ボース手ずからインドカリーを料理し、皆に振る舞った。当時の日本では、まだカリーは普及していなかったので、一同珍しがったということである。なお、ボースは皆の前で感謝の挨拶を述べるのに、英語でなく日本語を用いた。彼の日頃の熱心な日

ボースと妻の俊子

本語の学習ぶりを知っていた相馬黒光は、この時、感激のあまり顔を上げられなかったと記している。

だが、イギリス政府は諦めず、横浜の東洋探明社という探偵会社を雇い、ボースの首に懸賞金を付けて行方を追っていた。やがて、新居の付近にも怪しげな人物が出没するようになったので、先手を打って霞町へ転居した。しかし、そこもまた危なくなって広尾へ移された。その後も探明社の追及は執拗に続き、ボースは何度も転居を余儀なくされた。それでも彼は大胆に、人力車を呼んで頭山や相馬夫妻のもとを訪れたという。彼は一九二四年、最終的に原宿の近くの穏田に落ち着くことになるが、それまでの転居は合計一七回に及んだ。

相馬夫妻の長女俊子は女子聖学院に学び、一九一五（大正四）年四月に女子学院高等科に入学していた。彼女は英語の学習に非常に熱心で、両親は家庭教師を雇ったが、その人物は早稲田大学で学んでいた西條八十《さいじょうやそ》であった。俊子はその英語能力が買われて、中村屋とボースとの連絡の中心的役割を務めることになっていた。そこを見て取ったのが頭山だった。頭山は黒光に、俊子をボースの妻にすることを勧めたのである。俊子は英語ができる、口が堅い、物事に動じない、どんな時にも穏やかで落ち着いた顔をしている。黒光はこのようなことが、頭山の目に適ったのだろうと記している。

黒光は俊子にこのことを告げ、本人の考えを尊重するとしたが、俊子は「行かして下さい、私の心は決まっております」と述べて結婚する意思を示した。ボースの方は、「自分は少年時代から革命に身を投じたので、妻帯のひまもなければまた妻を持とうと考えたこともなかった。妻子があっては思い切った活動ができないのだから、現在もその気持に変りはないが、相馬家のあの人が来て私に協力してくれるというのであったら、喜んで結婚する」と答えた(「ラス・ビハリ・ボース覚書」)。そして、頭山が親元となり、後藤新平と犬養毅が保証人になることが決まった。

一九一八年七月九日、ボースと俊子は霊南坂の頭山邸で、頭山自ら媒酌人となり、親類の出席もないまま密かに結婚式を挙げた。二〇年八月一三日、長男の正秀が生まれた。「正秀」の名は、楠木正成と豊臣秀吉から一字ずつ取って頭山が名付けた。二二年一二月二四日には、長女の哲子が生まれた。「哲子」の名は、黒光が一五年の一二月に亡くした乳飲み子の名前であった。これから育てていく娘にその名前を付けたのだから、俊子は母のかつての悲しみを希望に変えようとしたとも解釈できるであろう。

一九二二年、インドで国外に亡命している同胞の帰国を許可せよとの運動が起こった。許された者もいた。しかし、ボースと俊子は拒絶された。まもなくボースの父が死んだが、それでも帰国は許されなかった。彼らは翌年、日本への帰化を決心した。ボースを相馬家の養子にするという案もあったが、支援者たちとの協議の結果、一家を創るということになった。日本名は「防須」であったが、これは犬養が考えたものだった。帰化の手続きを取るために、ボースは自らイギリス領事館に行って領事に面会した。彼はそれから日本人として、インド独立運動に関わることになる。

ところが、俊子は穏田の家に移った頃から体調を崩した。新婚当時の過酷な生活環境が身体に負担を与えたことは明らかだった。肺炎と診断されて闘病生活を送ったが、一九二五年三月四日永眠した。まだ二八歳であった。葬儀は青山の善光寺で営まれた。この後、ボースには何度も再婚話が持ち込まれたが、彼はそれを頑なに拒否したという。彼は心から俊子を愛していたのだ。

以上のように、頭山はボースの逃亡と生活を支援し続けた。いや、この後も支援し続けることになる。それではなぜ、頭山は彼を支援し続けたのか。「窮鳥懐に入れば猟師も殺さず」といった気持ちが働いたことは事実であろう。しかし、頭山はボースの中に「日本人」のあるべき姿を見たのではないか。それは、服装や言語、礼儀といった表面上のことではない。頭山は常々、人はいつでも死にきるだけの覚悟が必要だ、それがないと本当の仕事はできないと述べている。彼はボースという人物に、インド独立という「死に場所」を得た壮士の姿を見たものと思われる。

3 高まる反欧米意識

†ワシントン会議に対する批判

一九二一(大正一〇)年一一月一二日から翌年二月六日まで、アメリカ大統領ハーディングの提唱でワシントン会議が開催された。二年前のパリ講和会議で、日本はドイツ権益の継承を認められ、赤道以北のドイツ領南洋諸島の委任統治権を得ていた。また、国際連盟の常任理事国となり、国際的な地位を向上させていた。しかし、列強諸国は東アジアでの日本の勢力拡大に警戒心を抱くようになっていた。

ワシントン会議の招請は日本に大きな不安の念を引き起こさせた。当初、日本政府は太平洋および極東問題の討議は回避しようと考えていたが、結局それらを議題に加えることに同意せざるを得なかった。民間の反応もかなり悲観的であった。すなわち、日本は国際法廷の被告席に立たされ、第一次世界大戦中に東アジアで獲得・拡大した特権や地位（二十一カ条条約や山東問題など）を奪われ、さらに将来大陸への進出を封じこめられるのではないか、といった危機感を表明する者も少なくなかったのである。

その一つの現れが、一一月一四日に築地精養軒で開かれた全国有志大会であった。これには頭山満をはじめとする浪人たち、寺尾亨ら学者たちも出席していた。大会は、「吾人は列国と共に軍備問題並に太平洋問題の全般に亘り、公平無私に解決を遂げ満腔の誠意を以て世界平和を保持せん事を期」すと宣言し、「人種的差別待遇を撤廃すること」、「門戸開放機会均等の原則を普遍一律に全太平洋に適用すること」、「海軍制限は各国軍事力の均等を主義とすること」などの決議を挙げた（「華盛頓会議と全国有志大会」）。

海軍の軍備制限に関しては、アメリカの主席全権ヒューズから米・英・日の主力艦の比率を五・五・三とするとの提案がなされた。これに対して、日本の主席全権である加藤友《とも》三郎《さぶろう》は受諾の意を表明した。当初、日本は対英米七割を主張していたが、当時の日本海軍の勢力は対米六割にも達していない状態だった。当然、海軍の中には不満もあったが、英米が日本を攻撃して勝利を得るには、少なくとも二倍の兵力を必要とするという分析もあり、日本としては妥当な選択であるとする意見も多かった。

しかし、頭山は日本政府の妥協的な対応には全く不満であった。彼は、加藤全権が日本の「国防の最小限度」としての七割の主張を放棄し、アメリカの威圧に屈して六割という比率を押し付けられたことは、非常な屈辱であると捉えたのである。彼はこれを、日本外交の自主性の欠如に起因すると批判する。それでは、日本外交がアメリカの言いなりになっているのはなぜなのか。頭山の認識では、日本の人心が甚だしい「アメリカかぶれ」になり、金銭崇拝の町人根性に陥り、無気力になっているためであった。日本外交を国民精神の変化との関連で論じることは、問題の本質を突いたものではないが、いかにも頭山らしい批判の仕方であったといえるであろう。

太平洋問題に関しては、一二月一三日、米・英・日・仏による四カ国条約が結ばれ、太平洋島嶼における領土と権益の相互尊重、それに起因する問題が生じた場合の平和的処理の仕方、そして日英同盟の終了を定めた。また、極東問題に関しては一九二二年二月六日に九カ国条約が結ばれ、中国の主権・独立・領土的行政的保全の尊重、中国における安定政権の樹立、中国における商工業上の機会均等、勢力範囲設定の禁止などを約した。この結果、日本の山東省権益は返還された。

頭山満は、以上のような国際環境の変化、とりわけ九カ国条約で約されたアメリカ主導の東アジア地域秩序の形成を「国難」と捉え、日中関係の悪化をもたらす可能性を持つものと考えていた。頭山は、ワシントン会議の目的が、日本と中国を切り離すことにあると見なしていた。彼は次のようにいう。

今度の会議の目的も期する所も畢竟日本と支那とを引き離さうとするに在る。元来アメリカの日本に恐るゝ所は、日本が支那から豊富なる物資を得ることにある。これ故日本を支那から切り離すことが彼等としての急務である。その上でユックリと両者を別々に料理をしようと云ふのがアメリカの肚ぢや。(『巨人頭山満翁』)

頭山の見るところでは、アメリカの巧みな懐柔策によって、今や中国の人心は日本を離れ英米に頼ろうとしている。これに加えて、日本も中国に対して拙劣な外交を展開してきたとする。山東省の利権などはすぐに中国に返還しておけば良かった、資本も十分につぎ込んでおけば良かったのである。ところが、「日本人の吝《けち》な料見を疑はれて山東問題は変にこぢれて来るし、アメリカの投資には負けて、如何ともする事の出来ぬ破目に陥つて了《しま》つた」とする。そして、この期に及んで山東半島の利権を返還することになれば、それは中国とアメリカにもぎ取られることも同然であると考えられた。

事実、会議が開催されると、中国では山東利権回収の気運が高まってくることになる。その結果、一九二三年三月には駐日代理公使廖恩燾《りょうおんとう》が二十一カ条条約の廃除を通告するまでに至る。こうした抗日ナショナリズムの高まりの中で、三月二八日、「対支有志会」が開かれ、「日本国民は大正四年の日支条約に対し今後支那が如何なる態度に出づるも断じて其廃棄を許さず」との決議を挙げた。頭山は実行委員の一人として参加し、終了の際に立って「天皇陛下万歳」を三唱した（「二十一箇条は断然廃棄を許さず」）。

その後も排日運動が続き、六月一日に長沙事件（日本海軍陸戦隊上陸を契機とする日中の衝突事件）が発生する。これに対し、七月一五日、丸の内の工業倶楽部で「対支聯合大会」が開催され、排日を容認する中国の姿勢を批判した上で、「支那官民の速かに現状を改善し局面の悪化を防遏《ぼうあつ》せん事を警告す。若し今にして改むるなくんば日本国民は遂に自衛のために適宜の措置に出でざるを得ざるべし」と決議した（「対支聯合大会」）。これらの集会での頭山の発言は残されていないが、彼は個人的には日本外交の失策を認めつつも、中国民衆のナショナリズムを積極的に評価することはなかったといえるだろう。

†アメリカの排日問題に当たって

日本にとっては、アメリカにおける排日運動の高まりも深刻な問題であった。アメリカにおける日本人移民排斥は、一八九〇年代にすでに始まっていたが、カリフォルニア州は一九一三（大正二）年に排日土地法（外国人土地所有禁止法）を制定し、二〇年一一月にはさらに厳しい法律を制定していた。そして、二四年五月二六日には排日移民法が成立した。このことは、それまでアメリカ政府に対し、日系人移民への排斥を行わないよう求めていた日本政府に衝撃を与えた。民間では、頭山満が内田良平、上杉慎吉、田中舎身らに国民対米会を組織させ、世論を高めることに務めた。六月一日には、赤坂の尚武館道場に頭山らが集まって「対米国民大会準備会」が開かれ、以下のような宣言が発せられた。

米国の排日行動は益《ますます》横暴を極め、人種的反目の禍端を挑発するのみならず、国際の道義を無視し帝国の面目を蹂躪するの甚だしきものにして、断じて看過する能はざるところなり。吾人は正義公道に立脚して、飽くまで米国の反省を促し帝国の位置を保持せんことを期す。（「現在の所では策の施しやうが無い」）

それでは、頭山の姿勢はどうであったであろうか。彼の考えでは、この度の「米禍」を招いたのは日本国民自身であった。頭山によれば、日本人は今や「非国民的米化思想」に冒されており、排日法案が可決されたことは良い薬になるとされる。これまで、日本人はあまりにも「アメリカかぶれ」になってしまい、彼らのいうことに全て従ってきた。外交面でも同じで腰が弱い。それは役人が意気地がないからでもあるが、軟弱な思想に陥った国民全体の罪でもある。アメリカはそこにつけ込んで、勝手なまねをしているというのである。頭山のこうした見方が、ワシントン会議に対する批判の延長線上にあることは明らかであった。

頭山によれば、アメリカは正義・人道を掲げているが、それは自国に都合の良い時にのみ通用する主義だとされる。そして、アメリカは常に日本の進歩・発達を妨害することを夢見て、対日政策を行ってきたという。今後もおそらくそうした策を採り続け、日本だけでなく全てのアジアの平和を乱すことは明らかだと考えられた。

しかし遺憾なことに、日本国民はこれまでこうしたことに鈍感であった。日本人は、手遅れになる前に目を覚まさなければならない。そして、全てのアジア民族が提携して、アジアの発達を図ることが望ましいという。人種の闘いは世界の続く限り避けられないことであるから、そこには戦争が起こる可能性もある。だが、戦争をしなければならない時が来たら、大いに戦うべきだと断言する。このように、頭山はアジア主義の立場から、極めて戦闘的な言論を見せていたのである。

排日移民法の成立に日本国民は激昂した。五月三一日には一人の無名人士が、東京のア

排日移民法反対運動

メリカ大使館脇で抗議の割腹自殺をした。その懐には「亜米利加《アメリカ》合衆国国民に訴う」との一書があった。それは、排日移民法は人道を無視し、日本人を辱めるものだとし、その撤廃を求めるという内容だった。このほか、一般国民によるアメリカ製品のボイコットや宣教師の国外退去を求めるなどの示威活動が頻発した。

六月六日、国民対米会は国技館で対米国民大会を開催し、アメリカの排日法案絶対反対を決議した。八日には頭山が会長となって、青山斎場で抗議の自殺をした無名人士の弔祭会が行われた。しかし、こうした国民対米会の抗議活動も功を奏することなく、七月一日、法案は施行の運びとなった。ここにおいて、同会は芝増上寺で大会を開催した。出席者は一万余名に及び、全国民が臥薪嘗胆の決意を要する旨の決議を挙げたのであった。このように、排日移民法反対運動では、頭山は国権派の重鎮として全体をまとめ上げる、象徴的存在となっていたという

頭山邸

ことができる。

さて、頭山満の霊南坂の自宅は、一九二三（大正一二）年九月一日の関東大震災で焼失した。当日、彼は家族とともには御殿場の別荘にいたが、これもまた大きな揺れのため倒壊してしまった。頭山は妻峰尾とその母を連れ、直前に外に出たため難を逃れた。東京へ戻った後は、息子や娘婿の家などを転々としていたが、翌年八月、ある支援者から渋谷の常磐松に土地と建物を提供された。頭山の家は、支援者たちによって次第に増改築されていった。家具調度などにも支援者たちが持ち込んだものが多くあったという。ついには、五重の塔を持ち込む者やら、頭山の銅像が三つも建つやらで、これでは頭山の庭とは思えないと本人も呆れるほどであった。

常磐松の住居の一件は、まさに当時の国民の中の「頭山像」を反映している。一九二二年三月には、藤本尚則による『巨人頭山満翁』の初版が出版され、翌月、杉浦重剛によって皇太子および秩父宮、高松宮に献上されていた。この時期、頭山は皇国に仕える国士の典型として、そして庶民に愛される豪傑としてのイメージが固まり、そして広まっていったといえるだろう。

第四章

中国の変革に向けて

1　孫文との最後の会見

†孫文のアジア主義

頭山満は孫文と知り合ってから、一貫して彼の革命運動を支援し続けてきた。その際、頭山の考えの根底にあったのは、皇道を基礎とした国権論的アジア主義であった。それでは、一方の孫文の対外観はどのようなものであったであろうか。ここでは頭山との最後の会談に至るまでの、彼のアジア主義の特徴について見ておくことにしよう。

アジア主義とは日本を起源とする思想であるが、中国では清末・民国初期（日本でいえば明治末期からから大正にかけて）に至って唱えられるようになる。量的に見て、その言説は日本の論壇に現れたものと比べればかなり少ないが、特徴的であることはそれを唱えたのが、中国の政治的変革を志向する反体制エリートであったということである。

孫文もまた、アジア主義者として見なされる傾向にある。彼の「アジア主義」という言説の用い方は、多分に日本からの影響によるものと考えられる。しかし、一九一〇年代末に至るまでの孫文の主張を見ると、その実質はほとんど日中提携論の別名でしかなく、他のアジア民族の解放ということは視野に入っておらず、また日本のアジア主義に対抗しようとする意図を持ったものでもなかった。しかも、頭山と同じく人種闘争論を唱えながらも、白人種の支配に取って代わろうとするがごとき、国際システムの転換を意図する構想を持つものでもなかったということができる。

孫文の対日観の変遷については、これまで多くの研究がなされてきた。一部には、孫文が一九一九（大正八）年に至って対日観を大きく変化させて、親日から反日に転じたとする解釈もあったが、実際にはそのような事実はない。そのことは一九二〇年代初頭においても同様であった。例えば、一九二三年五月には当時官僚だった鶴見祐輔との会談で、孫文は日本の列強追随外交を強く批判するものの、他方では「東洋の養護者」としての日本の役割を評価していた。また彼は、当時親ロシア政策を採っていたにもかかわらず、「露西亜と同盟することよりも、日本を盟主として、東洋民族の復興を図ることが、我々の望みである」と述べていた（「広東大本営の孫文」）。

孫文からの日中提携の呼びかけは、一九二三年一一月一六日に発せられた犬養毅宛の書簡にも現れている。この書簡は「これまでの日本の失策と列強盲従の主張とを、必ずや一掃して白紙に返し。中国の革命事情に最大の力を入れられる」ことを期待して書かれたものであった（「犬養毅への書簡」）。そして、この書簡で特徴的なことは、日本に中国革命への援助を求めることに加え、率先してソ連を承認するよう求めていたことである。孫文が、列強に対抗すべく、日本・中国・ソ連の三国の提携を構想していたことは明白だといえる。

ところで、当時の日本の論壇はアジア主義が再燃する状況にあった。それは、前述したアメリカにおける排日移民法の成立を契機とするものであった。日本の世論は、それをアメリカ議会による意図的な侮辱だと受け止めた。当時発表された論説には、日露戦争後のアジアの保護者としての自負心とともに、欧米列強から対等に扱われないことに対する不満が溢れていた。それでは、日本のこのような状況を孫文はどう見ていただろうか。彼は一九二四年四月、日本人記者に答えて次のように述べている。

今回米国の排日には日本は深刻な教訓を受けた筈である。世論が沸騰し各種運動が行はれてゐると聞くも、今の際日本としては最後の手段に訴へる力も勇気もあるまいが、此屈辱を雪がんと欲せば、亜細亜民族の大同団結に留意し其力に依頼するの外ない。

（「亜細亜民族の大同団結を図れ」）

孫文は国外から日本の状況を眺めていたためか、前章で見た頭山の姿勢と比べれば、かなり冷静な見方をしていたことが分かる。彼は、今こそ日本と中国を中心としてアジア同盟を作る好機だと考えていた。だが、他方において、孫文は大震災後の日本での中国人労働者排斥事件などを取り上げ、日本人のいうアジア人種団結の真意を疑う発言もしている。そのため、孫文としては、自らの考えるアジア団結の方途＝大アジア主義を日本人に示す必要があると考えた。そこで、一九二四年九月、孫文は特使として側近の李烈鈞を日本に派遣することとした。李の使命は日本においてアジア連盟結成の意義を宣伝することであった。

李烈鈞が東京到着後、最初に訪問した人物は頭山であった。孫文からは、東京へ行ったら誰よりも先に頭山邸を訪問するようにといわれていたのである。滞日中、李はしばしば渋谷の家に現れているが、ある時、彼は次のような聯を贈っている。

不肯低頭拾卿相　　頭を低うして卿相を拾うを肯《がえ》んぜず
又能落筆生雲煙　　又能く落筆すれば雲煙を生ず

これは北宋の文人である黄庭堅《こうていけん》の「贈恵洪」という詩の一節で、「人に頭を下げてまで官職を得ようとはしないが、筆を執れば奔放で見事な詩が生まれる」という意味である。これは明らかに、無位無官の頭山の生き方を讃えたものであった。

李烈鈞

李烈鈞は日本滞在中、日本の政府・軍部要人との会談を重ねた。しかし、日本側は彼のアジア連盟結成の主張に対し、好意的に対応することはなかった。そのため、李は孫文に帰国を申し出た。しかし孫文は彼に対し、「アジア大同盟」を起こして白色人種に抵抗するために、日本で「我々の大アジア主義」（原文では「吾人之大亜細亜主義」）を引き続き宣伝するよう求めたのであった。

「我々の大アジア主義」とは、孫文の持論である日本・中国・ソ連の提携を基礎としたものであった。しかし、北京政府との関係を優先する日本の政府関係者や軍人が、孫文の主張を受け入れることはほとんど不可能であった。そうだとすれば、在野の政治家、財界人、民間の運動家に期待をかけるしか手段はない。彼らに呼びかけて、世論を盛り上げる以外に方法はないと考えるようになるのは当然のことだった。

結局、李烈鈞の宣伝活動は不調に終わり、一一月六日に帰国の運びとなった。そこで某日、頭山は送別の意を込めて白金の井上謙吉宅に寄寓する李を訪ねた。しばらく世間話をした後、話題が中国の政治情勢に移ると、李烈鈞は「今後支那統一の問題は、何れ段祺瑞、張作霖《ちょうさくりん》、孫文の三氏が会合して協議される事と思ひます」と述べた（『巨人頭山満翁』）。これは、次節で触れる中国北方での政治変動を踏まえての発言であることが分かる。

そして李烈鈞は、国家的統一の延長上にある日中提携の問題に関しては、何よりもまず双方の国民が互いに意思の疎通を図ることが必要だという。そして、現在、中国人が日本国民の意志を代表する人物と見なしているのは頭山と犬養であるので、是非とも二人には日中の結合に尽力してもらいたい、そのことを具体的に協議する時機は近い将来に来ると思うと述べた。以上のような李の発言は、頭山の影響力をいかに重視していたかを窺わせるに十分だといえる。もちろん、それは李烈鈞個人の見解だけではなく、孫文の考えでもあったことはいうまでもない。

孫文、最後の来日

第二次奉直戦争の最中の一九二四（大正一三）年一〇月二三日、北京政変が発生し、一一月一日には直隷派の馮玉祥《ふうぎょくしょう》、胡《こ》景翼《けいよく》らが孫文に北上を要請する旨を打電した。孫文はこれを受けて、一〇日に「北上宣言」を発し、全国の統一を図る国民会議の招集を訴えた。一一七日、孫文は上海に到着し、当地で日本訪問を決意することになる。日本から帰国して間もない李烈鈞の勧めがそのきっかけとなった。李は孫文に対し、一旦日本に渡って、頭山満、犬養毅、宮崎滔天らと会談することが、北京での交渉に有益であると説いていたのである。

そして二一日、孫文は上海を出発するに際し、日本のマスコミに向けて声明書を発表した。そこでは、今回の日本訪問の目的が現在の中国情勢に対する日本朝野の意見を徴することにあり、二十一ヵ条条約の撤廃や遼東半島還付などについては何ら具体的な考えを持っていないことが述べられていた。また、北京政府打倒を最優先する孫文は、一九二三年四月に、旅順・大連回収闘争を行っていた学生たちに自制を求めたことがある。孫文は訪日の時点で、日本に譲歩する意志が十分にあったというべきだろう。

孫文は一一月二三日に長崎に到着した。船内でのインタビューで孫文は、中国革命が明治維新の道を歩もうとしているにもかかわらず、富強を実現した日本は中国に同情心を持ってくれないと批判しつつも、アジア連盟の結成に向けて次のように述べている。

> 将来日本は亜細亜民族連盟の覇者となり、欧米に対抗すべく亜細亜全体を連結し亜細亜の独立を図り、以て欧州の圧迫の羈絆《きはん》を脱する様努めざる可からず。亦日本は須《すべか》らく労農露国を速かに承認すべし。（「北上ノ途次本邦ニ立寄リタル孫文一行ノ動静並ビニ邦人記者トノ会見模様ニツキ報告ノ件」）

ここでは「亜細亜全体」がどこまでを指すのかは明らかではないが、日本をアジアの盟主として認めている点では、前年の鶴見祐輔との会見内容の延長線上にあるといえる。同じ日、孫文は中国人留学生代表を前にした講演で、日本が中国を支援して不平等条約の廃棄（治外法権の撤廃、関税自主権の確立）に協力すべきであるとし、日本がその事業に協力してくれたなら、現在の小さな利益ではなく、将来においては、より大きな権利を得ることになるだろうと説いていた。

孫文は二四日、神戸に到着した。当日の記者会見において、孫文は中国の統一と内政の安定を妨げている理由は、不平等条約を利用した外国人が利権を求めて軍閥を煽り立てることにあるとし、諸悪の根源であるこの不平等条約の撤廃のために助力してくれる国は日本だけであると述べた（「神戸来着ノ孫文ノ船上ニ於ケル記者会見及ビ埠頭ノ歓迎情況等報告ノ件」）。ここから、この時の孫文の最大の関心事が、不平等条約の廃棄にあったことが理解される。

しかし、当時の日本では、孫文の訪日を歓迎する雰囲気は少なかった。マスコミの論調を見ても、孫文があまりにも理想主義的であって現実に疎いと批判するものが多く、広東省を十分に治めることができない人物が、中国全土を支配することなど不可能だとする意見もあった。孫文は李烈鈞を介して宣伝工作を行わせていたにもかかわらず、「我々の大

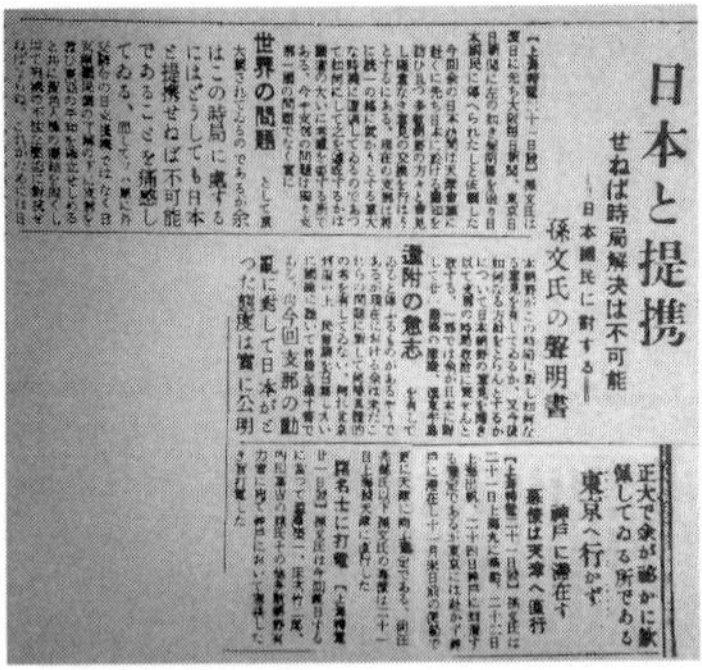
日本と提携
せねば時局解決は不可能
―日本國民に對する―
孫文氏の聲明書
世界の問題
東京へ行かず
神戸に滞在す

大阪毎日新聞（1924年11月22日付）

アジア主義」を日本の論壇やマスコミ界に認知させることができずにいたことが分かる。しかも、当時の日本におけるアジア主義ないし日中提携論は、中国の政治的変動を伴わないことを前提とするものがほとんどであった。総じて、孫文は日本にとっての提携のパートナーとは見なされていなかったということができる。

孫文は上海出発に臨み、頭山や犬養に宛てて「今上海を立つ、不日拝眉の機会を得べし」との電報を打った。頭山は孫文一行に、電信によって東京到着はいつ頃になるかを問う傍ら、有志に東京での歓迎会などの準備をさせていた。おそらく、この間、日本政府から孫文に上京を見合わせるように要請があったものと推測される。そこで、頭山からの問い合わせと行き違いになる形で、孫文から「此度弊国時局収拾の為め特に神戸を経て北京に向ふ、東亜大局につき御相談したし、神戸まで御来駕あらば幸甚、尚ほ朝野諸賢に御伝声を乞ふ」との電信が送られてきたのであった（『巨人頭山満翁』）。

頭山への電信と同文のものが、政府当局者や各政党の有力者、貴族院の有力者、渋沢栄一のような財界人に送られた。受け取った人の中には、「東京まで来ないで、神戸に呼び寄せるとはけしからん」と憤慨する向きもあったらしい。犬養は逓信大臣の地位にあったため、孫文の要請に応じて神戸には行きかねるということで、たまたま関西にいた古島一雄を代理として神戸港で迎えさせた。渋沢は病気を理由に断った。そのような中で、頭山は敢然と神戸へ向かうことになる。

†神戸での孫文・頭山会談——一日目

二四日当日、頭山満は訪問客が多かったため常磐松の自宅にいた。やがて夕方五時過ぎになってから、「是非今夜お立ちを乞ふ」という電報が届くと、これを一見して「では、行こうかね」といって七時東京発の特急に乗り込んだ。この時、側近の朝日新聞記者である藤本尚則が同行した。途中で列車事故のため東海道線が不通となって、かなりの時間を取られたが、翌二五日午後三時に三宮駅に到着した。駅頭では孫文の秘書である戴季陶ら七、八名の出迎えを受け、そのまま車を駆って滞在先のオリエンタルホテルに向かった。

会談に当たって、孫文が頭山に不平等条約廃棄の主張への支持を求めていたことは確実であった。この点に関しては、頭山はかつての日本の経験に照らして、孫文の願望に同情の気持を抱いていたはずである。しかし、会談の最も難しいポイントとしてあったのは満

大正時代のオリエンタルホテル

洲問題であった。国権派アジア主義者たちの間では、この問題では安易な妥協はすべきではないということが共通認識であった。そこで、彼らの会談に先立ち、内田良平らは頭山に対して、「満州問題については確《しっか》りと一本釘を打ってもらいたい」と勧告していた（『大アジア主義と頭山満』）。

二五日、孫文は頭山と再会した。一九一八（大正七）年六月以来のことであった。この時の様子は、同行した藤本尚則の『巨人頭山満翁』に詳しく記されている。多分に脚色された箇所もあるとは思われるが、ここではそれに従って見ていこう。

緊張した無髯《むぜん》の顔、身には質素な黒の支那服を纏うた孫氏が、ツカ〳〵と翁の前に進み、兵隊の「気を付け」式の姿勢を取り、鞠躬如《きつきゆうじよ》たる面持《おももち》で翁の手を固く握り占《ママ》めながら二三度叩頭《おじぎ》した態度は、無言の歓喜そのものであつた。翁も亦感慨に燃ゆる眼光を孫氏に注いで、言葉もいと鄭重に

「いつぞやはアナタが亡くなられたやうな噂で心配をしましたが、御無事でお目出度う。又久しぶりにお国の形勢も段々よくなる時機に向ひ、何よりです」

戴天仇《たいてんきゆう》（戴季陶のこと――引用者註）君之《これ》を通訳すれば、孫氏も

「先生も御健勝で何よりです。此度は、已むを得ざる都合で当地まで態々《わざわざ》御足労を願ひ、恐縮千万です。どうぞ今回丈は平に御赦しを願ひます」

と挨拶を述べた（下略）

挨拶が終わり、二人は応接室で会談へと入った。頭山は、藤本を身内の者だから同席しても差し支えなかろうといったが、藤本は気を利かして座を外した。そして、三〇分ほどしてから孫文の使いから入室を促されると、ちょうど会談の一部は一応終わったようであった。そこで、しばし閑談した後、今度は二人のほかに大久保高明、辻鉄舟《てつしゅう》といった孫文旧知の人たち、そして戴季陶と藤本が同席を許され、円卓を囲んで話を聞くことができた。

孫文は熱心に国際関係の将来を論じ、多分に予言的な見解を述べたが、それは日本、イ

1924年11月25日の会談

ンド、中国、ロシアといったアジア問題に関わるものであった。孫文の意見について、頭山は各国の国情には自ずと異なるものがあることを説き、国情の許す限りにおいて、アジア大局のために日中が提携・共同すべきだと述べた。

さらに進んで、孫文は「支那が従来諸外国との間に結べる旧条約を一切撤廃すべき希望を力説した」。おそらくこの発言は、頭山が想定したものであったろう。そこで彼は次のように述べた。

貴国四億の国民を以てして、外国の軽侮と侵害を甘んじて受くるが如きは、苟《いやしく》も国家を愛する志士豪傑の之を憤るは当然である。嘗て満蒙地方が露国の侵略を受けし時の如き、幸にして我が日本の本当の実力ありたればこそ、多大の犠牲を払つて、唇歯輔車の関係にある貴国保全の為め之を防止するを得たのである。依《よ》つて同地方に於ける我が特殊権の如きは、将来貴国の国情が大に改善せられ、何等他国の侵害を受くる懸念のなくなつた場合は、勿論還附すべきであるが、目下オイソレと還附の要求に応ずるが如きは、我が国民の大多数が之を承知しないであらう。

この発言からして、内田良平らが求めたように、頭山は一本の大きな釘を打ったといえなくもない。しかし、これを読めば、頭山は満蒙の権益を永久に確保したいといっているわけではないことが分かる。彼は、条件が整えば「勿論還附すべきである」と言明しているのである。そのような条件がない状態で、これを手放すと約束することは、日露戦争以来の満蒙に執着する日本の国民感情を刺激しかねなかった。頭山は、中国国民の気持を理解しつつも、現在これに応えるわけにはいかなかったのである。会談を終えて、孫文は頭山にホテルに一泊してくれるよう求め、二人で夕食をともにした。

†神戸での孫文・頭山会談——二日目

翌二六日は昼食後、戴季陶の通訳で頭山満と孫文の会談が行われた。会談の模様は、一一月二七日の『大阪朝日新聞』に掲載されているが、これはおそらく藤本尚則が執筆したものと見られる。しかし、その記事では、実際には藤本が孫文に質問したものが、頭山の名前に変えられている箇所がある。やはり、ここでも藤本の著作から会談の模様を追っていく方が正確といえるだろう。

前日の会談では、頭山が述べた満蒙における日本の利権問題について、孫文は明確な返答をしていなかった。そのため、この際、徹底的に孫文の意見を聞いておいた方がよいだろうということで、藤本は次のように質問を切り出した。

孫先生の御説の中《うち》、旧条約撤廃云々の中には、日本の満蒙に於ける既得権、之を具体的に云へば旅順大連回収の意志を含むと解する者もありますが、その点は如何でせう。

孫文はこれに答えて、次のように述べた。

それは一般的に旧条約の撤廃を望むのであつて、旅順大連の回収などといふ所まで考へてはゐない。香港澳門《マカオ》に於ても同様です。殊に澳門の如きは、支那が割譲した条約の如き絶対に存しないのであるが、葡萄牙《ポルトガル》が五百年勝手に割拠して、そのまゝになつてゐるのです。故に若し支那が之を回収しやうとすれば、僅々一個聯隊の兵を以てするも、立所《たちどころ》に回収し得るのである。併しながら、葡萄牙の勢力は只だその外部に在つて、未だ其内部に及んでゐない。若し今後其勢力が内部にまで及ぶ場合は問題になる。旅順大連の問題にあつても、既に出来上つて居る以上に、更に其勢力が拡大する場合は問題になるが、今の通りの勢力が維持される以上、問題の起ることはない。香港に就いても亦同様です。

一言でいえば、孫文はここで列強の動きに変化がない以上は現状の維持を認めたのである。そこで頭山は次のように述べて、孫文の姿勢に同意する。

要するに、両国其他地位立場をよく知つて、出来得る限り他人離れのした心持ちで親善の関係を保つことが、真の日支提携する所以であるから、さういう事にしたいものである。

旅順・大連問題についての説明を終えた後、孫文は頭山に向かってあと二つの問題に尽力してもらいたいと述べた。それはすなわち、治外法権の撤廃と関税自主権のことであった。孫文は、治外法権の問題に関しては、国民の理解を得ることはできるだろうという。しかし、関税問題については、中国における日本の商業的地位が高まりイギリスと拮抗する状態にあることから、自主権を与えることが日本の損害につながると考えている者がいることを知っている。こうした意見に対して孫文は、次のように述べる。今のところ、日本は金融・航海・運輸の面ではイギリスに及ばない。したがって、関税自主の暁には、これらの面において日本の地位を向上させることができ、マイナスを補って十分なものがある、と。

頭山は、孫文の意見を了承し可能な限り尽力する旨を伝え、この日の会談は終了した。新聞記事によれば、ホテルを出た頭山は大阪にいた内田良平に会いに行ったとされる。あるいは、会談の模様を伝えに行ったのかもしれない。

この会談の時の頭山の発言が、孫文の不平等条約撤廃の内容を治外法権の撤廃と関税自主権のみに限定させる効果があったことはほぼ確実だといえる。現に孫文は、一一月二八日に行われた「大アジア主義」講演の中では、満蒙の日本の権益問題については全く言及することはなかった。しかも、前述したように、孫文は学生の利権回収運動を抑制してでも、日本との関係をつなぎとめようとしていた。こうしたことを考え合わせれば、孫文の側からすれば、頭山との会談で日本の世論の瀬踏みを行い、以前から設定していた最大限の譲歩ラインを確認したものといえるかもしれない。

孫文との会談での頭山の姿勢、そして以前からの彼の言説の端々から、多くの論者は頭山の「侵略の野望」を強調する傾向にある。例えば、頭山が辛亥革命直後に中国を訪れて帰国する際に、満洲の平原を眺めて「大分広いねえ、之れは日本が取ってやらにゃ、支那ぢや始末が悪からう」（『巨人頭山満翁』）と述べたことは、その一つの論拠としてしばしば言及されるところである。

11月28日に行われた「大アジア主義」講演

しかし、事を満洲問題に限っていえば、当の孫文が以前は当地を放棄するつもりでいたことは明らかであった。いくつか例を挙げるなら、孫文は一九〇六（明治三九）年にはロシア人革命家のゲルショニに「自分は万里の長城以外の事は関係せぬ」（『中華民国秘笈』）と語り、辛亥革命勃発後には、満洲を日本に譲渡しても軍事費を借款しようとしていた。そして、一九二〇年代には日本軍人の佐々木到一に向かって、「将来国民党が支那を支配する暁には満洲は必ず日本に委任する」（『ある軍人の自伝』）と述べていたのである。

だが、国内でのナショナリズムの高まりの中で、孫文が革命の指導者であろうとするなら、そのような姿勢を維持し続けることはできなかった。彼は国内の事情から、以前からの立場を変えざるを得なかったといえる。こうした事情を知る日本の国権主義者は、孫文にあらかじめ「釘を打つ」ことを当然のことと考えていたであろう。これに対して、何よりも日本からの強い支持を求める孫文にとって、それは決して妥協できない要求ではなかったものと考えられる。

皇アジア・皇世界の実現を求める頭山にとっては、中国ナショナリズムの昂揚に同情的立場を採ることは本来的に不可能であった。それを知った孫文は、日本からの支持の獲得による中国革命実現に向けて、利権回収という民族的課題を一時的に棚上げして、日本の国権主義者との妥協をはかったものと考えられる。

最後に、二人の国際戦略について見ておくことにする。頭山のアジア提携論は、日本と中国を中心とし、そこにインドを加えようとするものであった。会談の後、頭山は藤本に向かって次のように語った。「日本と支那とは、互ひに相計つて他人離れのした心持に於て、許すべき事は相手の求むるに先立つて之を許すやうでなくちやならぬ。日支が本当に一つになれば、印度の独立位何でもない。あの印度の為めに束縛を解いてやれば、どれ程強いものになるかも知れぬ」（『頭山満翁写真伝』）。

他方、孫文の国際戦略が日本・中国・ソ連の三国提携であることは、すでに触れたところである。そこで孫文は会談の際、「ロシヤのことは大概イギリスの宣伝ですよ」と語り、どうかロシアの本当の部分を見てください、イギリスほど悪いやつはいないのですからと述べた。そして彼は、日本と中国が一体となってインドを独立させ、アジアからイギリスの勢力を駆逐するには日本の陸海軍を強大にしてもらう意外に方法はないとも述べている。

ここで孫文がいう「ロシヤのこと」とは、ロシアを侵略者と見なすことを意味すると解釈され、この一文は頭山にソ連への理解を求めたものと推察される。また、孫文はラース・ビハーリー・ボースとの面識はあったものの、それまで国際戦略との関連でインドに論及したことはほとんどなかった。したがって、彼が「インドを独立させ」と述べていることは、頭山の考えに合わせたものと見ることができるだろう。頭山は孫文の説に「わしも全く同意見」と述べているが、それは反イギリスという点においてであって、ソ連評価を含むものではなかったと考えられる。

2 大正末期から昭和にかけての諸活動

†盟友・孫文の死

一九二四（大正一三）年一一月二八日、孫文は神戸高等女学校で「大亜細亜問題」と題する講演を行った（一七三頁の写真）。後に、「大アジア主義」講演と呼ばれるものである。この講演で孫文は、西洋文化を功利と強権の覇道、東洋文化を仁義と道徳の王道として捉え、日本が王道の道を歩み、ソ連とも提携して欧州列強と対決するよう呼びかけた。講演は盛況に終わった。そして三〇日、五千余人の見送りを受けて神戸を出発し、一二月四日に天津に到着した。この時、二万人余りの人が出迎えたという。しかし、孫文は間もなく体調を崩し、北京に移った後に入院することとなる。

孫文が肝臓ガンの疑いありと診断されたのは、一九二五年一月四日のことであった。二六日には協和医院で手術を受けたがすでに手遅れの状態だった。この後、二通の召電を受けて、病床に駆けつけたのは萱野長知である。彼はすでに梅屋庄吉《うめやしょうきち》、頭山満、古島一雄との相談で、友人総代として北京に見舞いに行くこととなっていた。萱野は二月一〇日に頭山と犬養毅宛てに書簡を送り、「孫氏は死は天命なりとて平然たるものなれば、此の自信力と勇気にて重い病に打ち勝つやも知れず候。不知《しらず》、何程の命数あるか。万一、取止め得れば医界の奇跡に有之《これあり》候。運の強き男なるかな」と伝えている（久保田文次編『萱野長知・孫文関係史料集』）。

病と闘う孫文ではあるが、同志が訪問すればすぐに日中連盟であるとか国際関係について熱心に話すことが常であったという。孫文は萱野に、「犬養さんや頭山さんは元気か」と尋ね、「元気だ」と答えるとかすかにうなずいた。そして、前年の神戸での「大アジア主義」講演についての反響が気がかりである旨を伝えた。萱野はこれに対して、「日本朝野の賛同するところと為つた旨を物語つた処、彼れ《ママ》は非常に満足して死灰又燃ゆるが如く青ざめたる顔にや丶紅を潮した」と記している（『中華民国秘笈』）。しかし、三月一二日午前九時三〇分、孫文は未完の革命を残して世を去った。臨終に立ち会った日本人は、山田純三郎、菊池良一、萱野長知、井上謙吉であった。頭山、七〇歳の時であった。

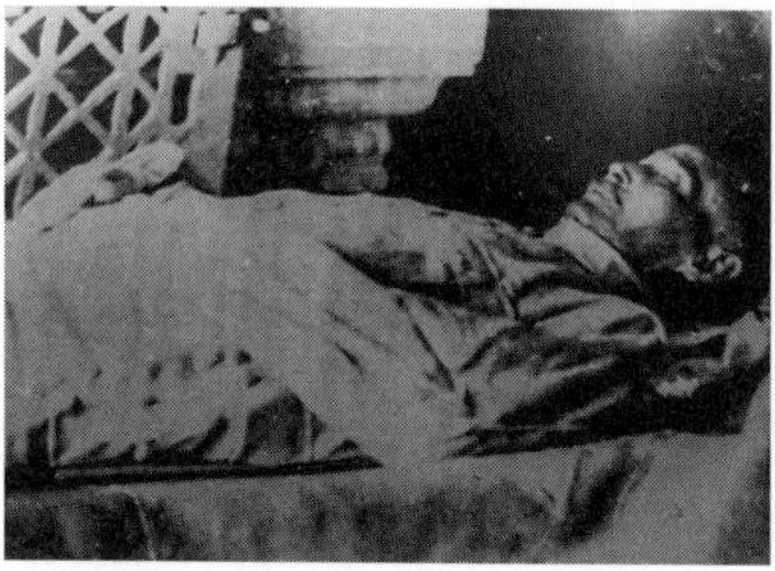

死せる孫文

それでは、その当時の頭山は何をしていたのか。それは外交であるよりも内政、とりわけ「純正普選法」への関与であった。普通選挙法は一九二五年の加藤高明内閣によって、ようやく成立の運びとなっていた。しかし、板垣退助の『立国の大本』(一九一九年出版)以来、議会内には戸主選挙法を唱える一派があり、普選法に一貫して抵抗を続けていた。院外ではこれに呼応する形で、頭山をはじめとする国権派勢力が運動を行っていた。ただし、彼らは表面上は普通選挙を全面的に否定することはできないため、自分たちの運動を「純正普選」運動と称していた。

一九二五年一月二一日には、頭山ほか有志三十余名が麹町区永田町の黒龍会自由倶楽部に集まり、普通選挙法阻止策についての協議を行っている。そして彼らは、西洋流の個人主義に基づく普通選挙は、家族主義を根本とする日本国体上から見て絶対に不可であるとし、「衆議院議員選挙の選挙資格は、家長(戸主又は世帯主)を以て絶対の要件と為すべきの議」を決議した。頭山らによれば、「凡そ我が国家の組織は家を以て本位と為す」ものであるため、「恬然《てんぜん》之を無視し、個人本位を原則とするに至らんとするは、国家存立の根本を覆へすものと言はざるべからず」とされた(『頭山満翁正伝』)。

この運動の主唱者は頭山であった。彼は運動を始めるに当たって、内田良平に協力を要請している。しかし、これには内田も面食らったようだ。そこで彼は頭山に向かって、考

純正普選団の明治神宮参拝

えは理解できるとしながらも、普選運動がすでに主流になっている現在において、これを阻止することはとても不可能であると指摘する。そして、このような状況の中で見通しのつかない運動を進めて、失敗などしたら頭山の名誉に関わることになりはしないかと、再考を求める意見を述べたのである。

これに対し頭山は、「国家のためにならないと思うことに直面した以上、その事の成否は論ぜず、力の許す限りの努力をすることが、国家に報ずる我々の任務ではないか」答えた（『頭山満翁写真伝』）。結局、内田もこの運動に協力することになったが、頭山の答え方から判断すれば、彼としては負け戦覚悟の決起であったと見ることができるだろう。

しかし、女子参政権を認めた国が少なかった時代に、頭山が唱える「純正普選法」が「戸主たる女子」にも参政権を与えるものであった点を考慮に入れた時、彼の主張を単純に反動視することには問題も残るだろう。ともあれ、北京で孫文が病と闘っている時、頭山は人生最後の政治活動を行っていたのである。それは、国の基本たる家を守るための闘いであり、世界の中の日本の存在確認のための闘いでもあった。

さて、一九二五年五月九日、頭山、犬養毅、渋沢栄一の発起により、芝増上寺において孫文追悼会が開催された。警察の報告では、出席者は三五〇名で、そのうち中国人は一三〇名だった。主な出席者としては、主催者側では犬養、頭山、水野梅暁《ばいぎよう》、萱野長知、宮崎龍介、小島七郎がおり、列席者側では後藤新平、鎌田栄吉ら政治家、白岩龍平といった興亜論者、ラース・ビハーリー・ボース、中国臨時代理公使江洪杰《こうこうけつ》らがおり、珍しいところでは高津正道や松岡駒吉といった社会主義者や労働運動家も出席していた。頭山の弔辞（『立雲翁の面影』所収）を以下に再録しておく。

大正乙丑五月九日、頭山満清酌庶羞《せいしやくしよしゆう》の奠《てん》を具し謹んで孫中山先生の霊を祭る。先生、高明の姿を以て経世の志を懐き、夙《つと》に東亜の振はざるを慨し、亜細亜民族の統一を以て其天職と為し、支那革命を志し、或は亡命の客と為りて天涯に落魄し、或は追放の身となりて異郷に流寓し、一難を経る毎に勇気一倍し、武昌の一挙終に克《よ》く其目的を達し、中華民国の基礎を建設するに至りたるもの、未だ嘗て先生首倡の功に由らずんば非ず。

一朝小人位を窃《ぬす》み、国鈞を秉りしより天下擾々《じょうじょう》たるもの十有余年、而して天運循環端《はし》なくも、政局一変するに会し、先生身を挺して将に大に為す所あらんとせしに、雄志を齎《もたら》し溘焉《こうえん》として逝く。悲哉《かなしいかな》。

顧れば昨年の秋、先生燕京に赴くの途次神戸を過ぐるや、余に告ぐるに其抱負の在る所を以てし、与《とも》に倶《とも》に提携して東亜統一の国民運動に着手せんことを期せしに、今や幽冥途を異にして、凜乎たる風貌宛然《えんぜん》目に在りて其人復た見る可からず。

嗚呼、先生身を以て支那の安危に任ずるもの四十余年、其理想に終始せられたるは実に国士の典型たらずんばあらず。

余先生と交るもの久し。茲に微衷《びちゅう》を攄《の》べて以て其霊に告ぐ。先生の霊にして知るあらば、英魂髣髴として来り饗《う》けよ。

孫文との交友は二八年に及んだ。臨終の場には立ち会えなかったものの、頭山の言葉は必ずや冥界の孫文のもとへ届いたに違いない。

†孫文以後の中国との関わり――蔣介石の来日

一九二五年六月二四日、中国政府外交総長唐紹儀が各国に現行不平等条約の改訂を提議した。これに対して、幣原喜重郎外相は七月二日、交渉受諾を発表した。このような状況の中で、同月一六日、頭山満は田中舎身、佃信夫、水野梅暁、葛生能久らを自宅に呼び寄せ、中国の治外法権撤廃と関税自主権回復の二大問題についての協議を行った。その結果、藤本尚則と辻鉄舟の二人が準備運動に当たることとした。

続いて一〇月一三日、頭山らは神田美土代町の神田会館で「支那問題有志大会」を開催し、「吾人は隣邦民国における治外法権、関税自主権回復の達成を期す」との決議を上げた。そして、実行機関として「善隣同志会」を結成し、中国の要人に向けて内政の改善を要望するとともに、藤本、中島鵬六、手代木《てしろぎ》隆吉、梅田寛一を委員として政府当局を訪問して、善隣のために自主的外交方針を採らせることとした。

一〇月二六日、北京で関税特別会議が開催されたが、日本の日置益全権代表は中国の関税自主権の回復に同意する旨の演説を行った。日本政府が率先して賛成したことによって、列国も不本意ながら追随せざるを得なくなり、一一月一九日に関税自主権の原則的承認が決議された。頭山らの運動が、日本政府の方針にどれほどの影響を与えたかは不明だが、彼としては生前の孫文と交わした約束の一半は果たしたといえるであろう。

頭山は中国政治の動向にも関心を寄せ続けた。一九二五年一一月二二日、奉天軍の幕僚である郭松齢《かくしょうれい》が張作霖の下野を要求し、自軍を東北国民軍と改称して兵変を発動した。郭が勝利を収めれば、日本の満洲政策が危うくなることは必定だった。こうした状況で、頭山は同志を集めて協議を行い、「今次支那の動乱により、帝国の特殊関係地帯たる満蒙の治安に脅威をもたらさんとするとの事態にあるのは、断じて看過すること能わず。当局は速かに機宜の措置を執りて禍端を鋤去《じょきょ》し、以て大局を保持せんことを望む」と決議し、一二月七日には藤本尚則らに決議文を持参のうえ外務省を訪問させた（『巨人頭山満』）。

外務省を訪れた藤本らは木村鋭市亜細亜局長と面談し、決議の内容を幣原外相に伝えるとの確約を得た。次いで、陸軍省を訪問した後、加藤首相との面会を求めたが会議中とのことで、秘書官に決議の伝達を依頼した。幣原は当日中に、郭松齢と張作霖の和平斡旋の申し入れ方を訓令しているが、頭山らの決議が政府の方針に影響を与えたか否かについては確認が取れない。しかし、ここからは、頭山が老齢の域に入っても中国の動静に敏感に反応し、同志たちに適切な指示を行っていた様子が窺える。

さて、孫文死後の中国で、国民党の指導権を勝ち得たのは蔣介石《しょうかいせき》であった。蔣は初め汪精衛ら左派と妥協しつつ、党内の地歩を固めていった。そして、一九二六年（大正一五）

年三月に中山艦事件を自ら引き起こして共産党の活動を制限し、同年七月から北伐を開始した。翌年四月一二日には、上海で反共クーデターを起こして共産党との協力関係を破壊した。その後、国民党の武漢政権と南京政権の合同の過程で、武漢側が蔣介石の下野を求めると、蔣は新広西派の白崇禧《はくすうき》に武漢に対する作戦を命じた。しかし、白に拒否されたため、蔣介石はやむなく下野するとの通電を発した。

下野の期間、蔣介石は一九二七（昭和二）年九月から一一月にかけて日本を訪問した。蔣の訪日についての情報は、日本の新聞では九月上旬から伝えられていた。しかし、出発の日時に関してはかなり錯綜した報道がなされていた。ただ、蔣が日本を経由してアメリカに行くだろうということは、ほぼ確定的に報道されていた。それは、蔣と以前からの知己である宮崎龍介が、蔣はアメリカに行くべきではなく国民革命の成就に専念すべきだと語ったことが根拠となっていた（家近亮子「蔣介石の一九二七年秋の日本訪問」）。宮崎の発言の信憑性は高く、蔣のアメリカ行は本気だったと考えられる。

蔣介石は九月二八日午前九時に上海を出発し、二九日の午後一二時四五分に長崎に着いた。蔣は宮崎とともに九州で観光した後、神戸に移り有馬温泉で宋美齢《そうびれい》の母と会って結婚の申込みを行った。箱根・熱海を経て、東京に着いたのは一〇月二三日の午後四時過ぎであった。蔣介石は直ちに帝国ホテルに入り、記者団に次のような声明を発表した。

東上の目的は全然政治的意味でなく、頭山、犬養諸先生を始め外務省参謀部その他の旧友に会見するためである。田中首相は目下御旅行中であるから面会することが出来ないと思ふ。今後の予定は東京の約一週間滞在の上、日光、塩原に旅行したいつもりでゐる。米国に行くか支那に帰るかまだ決定せぬ。（「蔣氏と頭山翁昔語りに興ず」）

しかし実際には、蔣介石は田中義一との面会のスケジュールを調整しており、それは一一月五日に実現することになる。そして、前述したように、蔣はこの時点ではアメリカ行を決心していた。そして、ホテルでの会見を終えると、蔣は張羣《ちょうぐん》、劉紀文《りゅうきぶん》、殷汝耕《いんじょこう》を伴って渋谷常磐松の頭山邸に向かった。彼らは十三年ぶりの再会であった。頭山は蔣の宿泊先として、隣家の川野長成邸を準備していた。蔣が東上するに先立って、側近の殷汝耕を通じて頭山を訪問することを知らされていたのである。当時、日本の政界やマスコミは、蔣を下野した指導者と見なすだけで、その扱いには窮していた。そのような中で、頭山の応対は異色のものであったといえるだろう。

蔣介石は一一月七日まで東京に滞在した（ただし、このうち六日間は日光方面へ観光旅行に出かけている）。川野邸に宿泊したのは一〇月二三〜二五日、一一月三、四日の五日間であっ

1927年、頭山と蔣介石

た(「蔣介石の一九二七年秋の日本訪問」)。蔣はこの間、青山霊園に寺尾亨(一九二五年没)の墓参に出かけたり、内田良平、萱野長知、梅屋庄吉など、かつて孫文の革命運動を支援した人々と面会するなどしている。頭山とはいつでも面談することができたであろう。

この間の頭山と蔣介石の会談は記録として残されていない。だが、頭山が蔣に述べた内容の一端は、翌年二月一五日の彼の談話から窺い知ることができる。その談話とは次のようなものである。

支那が赤化する時は日本も累を被るのぢやから日本の政府は余程シツカリせにやならぬ。蔣介石が昨年来た時も、貴公でも誰でも若し日本に叛くやうなことがあれば一刻も容赦はせんから、その心算《つもり》でやれ。日本に叛いては支那は一日も立ち行くものでないことを決して忘れるなと云つておいた。(「支那問題に関する話」、『頭山精神』所収)

頭山がこのように述べるのは、中国における共産党の勢力拡大は、日本の権益に関わる重大な問題であったからである。これに対し、蔣介石は「誓って赤化分子を討伐します」と答えたという。

葦津珍彦によれば、蔣介石は滞日中、頭山に「懇ろにその大アジア主義の精神について、教えをこうた」とされる（『大アジア主義と頭山満』）。しかし、二人の間でアジア主義に関する問題が語られたという記録はない。だが、仮に話題になったとしても、蔣としては頭山の持論に賛同する以外にはなかったであろう。なぜなら、彼は孫文の後継者を自任し、東京到着後に発表した「日本国民に告げる」においては、一九二四年一一月の孫文の「大アジア主義」講演に言及しながら、「中日両国が国際関係において確実に提携しともに奮闘しなければ、東亜の平和を保障し、中華民族の解放と中国の国際的地位の平等とを保障することができない」と説いていたからである。

蔣介石は来日以来、アメリカ行を切に希望していた。頭山側近の者は、蔣が考えを変えたのは頭山の説得があったからだという。それも一つの要因となったかもしれない。しかし蔣自身は、国民革命軍総司令に復職すべく早期の帰国を要請する汪精衛からの電報があったとも述べており、こちらの方が直接的原因となった可能性が高い。いずれにせよ、蔣は一一月八日午前七時発の特急列車に乗り大阪に向かった。帰国した蔣は、国民革命軍総司令に復職し、北伐を再開・完了し、中国の再統一を完成させることになる。

†頭山満、二度目の中国訪問

大正末期から昭和の初めにかけて、頭山満の社会的地位は急速に高まることとなる。そのことは、一九二四（大正一三）年の皇太子（後の昭和天皇）の結婚に当たり、六月二日に開かれた祝宴の儀に、無位無官でありながら「多年国事に尽瘁《じんすい》せる純粋の国士」として招待されたことにも現れている。この時、頭山が初めて作った洋服を着た写真が残されている。「命もいらず、名もいらず、官位も金もいらぬ」始末に困る人であるはずの豪傑といわれる彼でも、天皇の名を聞けば地にひれ伏すほどの皇道主義者であった。

一九二八年四月、頭山は内田良平らの同志と「内治外交作振同盟」を組織した。葛生能久によれば、「此の同盟は、内は共産党陰謀事件を始め、危険思想の瀰漫甚だしきものあり、外は支那問題益々紛糾し、満蒙問題の解決愈々《いよいよ》急を要するに至つたため、思想の刷新と外交の振作とを期することを目的としたものである」（『頭山満翁略伝』、『頭山満翁語録』所収）。この団体は具体的には、翌月に起きた済南事件に際しては「暴支膺懲国民大会」を開き、六月には「治安維持法」の速やかなる改正を申し入れている。また、同年八月に不戦条約が締結されると、その第一条に「人民の名において」という文言があることから、頭山らは日本の国体に合致しないとして批准に反対した（「不戦条約問題ニ関スル上奏書」）。このように、頭山は老いたとはいえ、従来にもまして国権論者として盛んな活動をしていたのである。

それでは、この時期における頭山のアジア主義はどのような形で論じられていたであろうか。前述した一九二八年二月一五日の談話において、彼は次のように述べていた。白人が横暴の限りを尽くして憚らない今日、アジアはどうしても一つに団結しなければならない。日本国民も祖先の遺業と精神を忘れては、アジアの盟主になることは覚束ないだろう。祖先の遺風である「徳と力」で世界を靡かせることが必要である。日本一国でも世界を率いる覚悟が必要だが、数が多ければ多いほど力となる。そのため、まずアジア諸国を徳と力で団結させて、それから欧米を感化することが必要だという。ここには、以前からと同様に、日本がアジアの盟主となり、国権を世界に振るわ

皇太子成婚パーティの時の洋装

せようとする姿勢が現れている。

一九二九年五月、頭山は南京での孫文移柩祭に招かれ中国を訪問した。頭山のほかに招かれたのは、犬養毅、萱野長知、宮崎槌子《つちこ》（故滔天夫人）らであった。一行二十数名は二〇日神戸行の列車で東京を発ち、二三日に上海に到着した。到着後、犬養は一行を代表して、「我々両国々《ママ》民は此の機会に於て虚心坦懐、一意両国の親善関係増進を念とし、互に誠意を披瀝し、両国が一致協力して東洋の平和を保存し、進んで世界の文化に貢献する様に努力したならば、孫総理の意思にも叶ふことゝ思ふ」との声明を発表した（『巨人頭山満翁』）。

二四日、頭山は国立上海労働大学を参観した。この大学は一九二七年五月に開学したもので、労働組合の指導者の養成を目的とするものであった。大学の創立に直接的に関わったのは、日本とドイツで学んだ沈仲九という無政府主義者である。なぜ、国民党と無政府主義者が結びついたのかといえば、それは労働運動に絶大な影響力を持つ共産党に対抗するためであった。無政府主義と共産主義（ボルシェビズム）とは、親和性を持つように見えて、実は全く相容れない性質のものであった。

頭山が労働大学の何に関心を持ったのかは分からないが、当日の構内には「我国の革命の恩人にして、孫総理の親友である頭山満先生が来校するので、敬意をもって迎えるように」という掲示が出されたという。頭山は同校関係者に請われて講演を行ったといわれるが、残念なことにその記録は残されていない。

二六日には徐家匯にある東亜同文書院を訪ねた。頭山が東亜同文会の会員であったことからすれば、この機会に同校を訪問しようと考えたのは当然であっただろう。犬養もすでに到着しており、二人は副院長の岡上梁《おかのうえりょう》の案内で校内を参観した。その後、頭山は揮毫を求められて「神武神文」、「勇猛精進」と書いた。続いて、二人は書院生を前に講演を行っている。頭山の講演の内容は精神訓話の域を超えるものではないが、彼の講演が残っていること自体が珍しいことなので、以下にその全文を記しておくことにする。

東亜同文書院

日本の支那に対する関係は、諸外国の支那に対する関係と違つて実に重大なる関係を有するのでありまして、之れに善処することが一番大切なことであります。斯《か》るが故に純忠至誠の荒尾、近衛、杉浦等諸先哲は深く慮られて此の同文書院を建設せられたのである。支那に於て色々な仕事をした人も多く、種々の事業も企てられたが、就中《なかんずく》最も顕著なる有益なる効果を示しつゝあるは、此同文書院である。而して此の同文書院の学生として学び、それに依つて仕事をしようといふ諸君は、その着眼精神見識実に結構なることであつて、喜ばしいことであります。どうか諸君に於ては、諸先哲の意思を体して、大に心を尽し、身を致して研鑽し、その磨き上げられたる大和魂、及びその学び得られし道を、国としては日本国であり、人としては日本人として、至つて親切である真の日本人の味《あじわ》ひを、何処までも忘れぬ様に、何れの国人と較べても最も立派なものであるといふ感想を、どの国の者にも持たせ、之に依つて我国威を宣揚すると共に、人類共存共栄の主義を完うせなければならぬ。どこの奴と比べてもイヤな奴と思はれてはならぬ、罷《まか》り間違へば一番恐ろしい国であり、親しめば最も正直な頼母しい国であるとして、大に正義を貫かるゝ様に国家に貢献せられたい。同文書院が段々盛んになり、善い結果を示しつゝあるのは誠に嬉しい。此上は猶一層奮発して、大に国家に貢献せられんことを望みます。(同前)

二七日、頭山と犬養は南京に移った。孫文の移柩祭に参加するためで、今回の中国訪問の最大行事であった。彼ら一行は国賓待遇を受けた。二八日、北京碧雲寺から移送された孫文の霊柩が南京に到着し、国民党中央党部大礼堂に安置された。翌日午前、蔣介石が宿舎に頭山と犬養を表敬に訪れた。この時の話題は思い出話が主であり、政治に関する話は出なかったということである。

1929年南京で蔣介石、頭山と犬養を訪う

六月一日、紫金山の陵墓で移柩祭が執り行われた。息子の孫科《そんか》、宋慶齢夫人ら遺族の先導で、霊柩は四〇名の壮丁に担がれ三百数十段を上っていく。蔣介石ら国民党要人とともに、頭山、犬養をはじめとする古くからの日本の友人は霊柩の綱を引いた。一〇時、陵墓に運ばれた棺は収められ、遺族親戚の拝礼に次いで国民党要人、外国からの賓客の順序で拝礼した。中国の友人、頭山、犬養ら日本のかつての友人、中国の古くから孫文を支援した日本人に対して、鄭重を極めた待遇をしていたのである。

その後、頭山は中国同盟会時代の旧知の集まりに出席し、三日には蔣介石と夕食をともにするなどした。そして、上海で数日過ごした後に帰国の途につき、一

迎柩式

輿を引く頭山ら

〇日午後に長崎に到着し、一二日に東京に戻った。長崎では、「十八年ぶりに支那へ行つたが有形無形スツカリ変化してゐる。誠意一貫するとあゝもなるかと感心した」と語っている（同前）。中華民国成立前後の混乱した中国を知る頭山にとっては、この度の中国での見聞には感慨深いものがあったに違いない。

†さらなるアジアとの交流

頭山満は各地の独立活動家やアジア主義者とも接触していた。ここでは、頭山が関わりを持った何人かの人物を取り上げ、紹介していくことにしよう。

インド独立の闘士マヘンドラ・プラタップが日本を訪問したのは一九二二（大正一一）年一〇月のことであった。彼は若い頃に来日したことがあり、今回の訪問は二度目であった。プラタップは一九一五年一二月、アフガニスタンで「インド暫定政府」を樹立し、自ら終身大総統となっていた。その後、一時ヨーロッパで活動していたが、東アジアで活動した方が成果が上がると考えて来日することとなったのである。プラタップは来日後、事前に連絡を取っていたボース邸に落ち着いた。その数日後には頭山、犬養毅と面会している。

プラタップと頭山

しかし、プラタップの東京での活動では、頭山よりも大川周明や満川亀太《みつかわかめた》郎《ろう》らの猶存社からの支援が多かったと見られる。一一月三〇日、神田美土代町の青年会館で、大川周明主催による「復興亜細亜講演会」が開催され、ボースとともにプラタップも参加し講演を行っている。プラタップの講演は「日本に期待す」という題で行われた。

プラタップによれば、日本は人道主義の立場からアジアの指導者として、一歩ずつ基礎を固めながら永遠の幸福を計る必要があり、これによって朝鮮問題を解決し、中国人の感情を好転させ、インド、アフガニスタンとの友好を実現させることができるとされた。彼は日本が盟主となってアジアを統一することには批判的であった（「復興亜細亜講演会ニ関スル件」）。彼は頭山の支援を仰ぎながらも、考え方は大きく違っていたようである。

頭山は、日本にいるムスリムの活動をも支援した。ロシアに生まれたアブデュルレシト・イブラヒムは、一九〇九（明治四二）年二月から六月まで滞在し、講演を行いイスラームの紹介、ムスリムと日本人の関係強化を訴えた。その際、鋭い西洋批判を行ったため、頭山らアジア主義者の関心を引くところとなった。東亜同文会の大原武慶《たけよし》らが亜細亜義会を作ると、彼は設立発起人の一人となっている。イブラヒムは頭山とも何度か会っているが、彼のあまりの寡黙ぶりには閉口したと伝えられている。

ロシア革命勃発後、バシキール民族運動に身を投じたムハンマド・ガブドゥルハイ・クルバンガリーは、一九二四年に日本に渡り反ソビエト活動を行った。同時に、彼は日本におけるムスリムコミュニティの指導者として活躍し、二五年一月には頭山、犬養らの援助のもとに、同胞の仲間とともに「東京回教団」を組織している。また、一九三八年五月に完成したモスク（東京ジャーミイ）の開堂式では、頭山が「開扉」を執り行っている。

ラビンドラナート・タゴールは、一九一三（大正二）年にアジア人として最初にノーベル賞を受賞していたこともあって、おそらく大正以降の日本人で最も名の知られたインド人であった。タゴールは五度にわたって日本を訪問している。最初に日本を訪れたのは一六年五月のことだった。

当時の日本人は、タゴールの中に汚れなき前近代性を見出そうとしたようだ。それは、アジア版のオリエンタリズムといってよいまなざしであった。しかし、タゴールにとっては、日本にしろインドにしろ、アジア人にとって近代とは何であるかを問い、西洋文明とどのような形で調和していくべきかが問題であった。そのような彼にとって、西洋の物質文明を崇めている日本人は批判の対象でしかなかった。そのため、日本のアジアでの優越性を疑わない人々は、にわかにタゴール批判を行うこととなった。

しかし、反欧化主義を唱える国権論者には歓迎された。タゴールが一九二四年六月に三度目の来日をした際には、黒龍会の斡旋で頭山満、ラース・ビハーリー・ボースら在野の有志百八十余名が集まって、上野精養軒で盛大な歓迎会を開催している。この時、タゴールはボースの通訳で頭山に対して「貴下が従来我が印度人の為めに尽されたる御厚誼は予の常に感謝して置かざる所である」と述べている（『頭山満翁写真伝』）。

ある人物が、タゴールに頭山の印象を尋ねたところ、次のように答えたという。「前回日本に来た時と違つて、今度は真の日本人に接したことを喜ぶ。頭山満氏に対する予の印象は、印度古代の聖者を目の前に見るやうな感じである」。タゴールは頭山の中に、アジア人として共通する心性を感じ取ったのであろう。

タゴールは一九二九年五～六月に五度目の来日をした。この時、タゴールは渋沢栄一を訪ねるなどしているが、健康を害したため横浜の大倉邦彦邸で静養するなどして帰国した。当時、頭山は中国に滞在中で面会できなかった。タゴールは帰国に際し、六月八日付で頭山への以下のような書簡をボースに託していた。

タゴールと頭山

予は日本を去るに臨み、この別辞を貴下に書き残す。人道の大義のために尽されつゝある貴下の使命と、同じく人道のために人類の同胞愛を、彼方より此方へと押し拡めつゝある予の使命との一致することを知つて、予は限りなき喜悦を感ずる。予の

心持ちを貴下にお告げしたい。（同前）

タゴールは一時期を除いて、政治運動に積極的に関わったことはない。しかし、その精神面ではアジア主義者の範疇に入れることはできるだろう。頭山もその点を十分に感じたものと思われる。

頭山の関心はアジアを越えて、遠くエチオピアの地にまで及んだ。一九三五（昭和一〇）年一〇月、イタリアはエチオピア侵攻を開始した。これより前から侵攻の気配はあったので、日本国内では弱者たるエチオピアに同情的な世論が高まっており、同国への支持団体が作られていた。その一つに、頭山らが代表を務める「エチオピア問題懇談会」があった。六月四日、同会は有志懇談会を開き、以下のような決議を採択し、エチオピア外相ヘルイと駐日イタリア大使館に送致している。それは、①日本国民はエチオピア政府および国民に深い同情を寄せ、②エチオピア国民が堅忍不抜の精神で国難を克服し、③イタリア政府に対しては、あくまで侵略的行動を避け、円満な問題解決を希望するというものであった。

エチオピア問題懇談会は、エチオピア侵攻開始直後の一〇月五日、頭山名義で以下の激励電報を送っている。

貴国に対する伊太利軍の不法侵入は日本国民の挙げて憤激する所なり。神は必ら《ママ》ず正義のエチオピアに幸すべし。飛行機は戦争の最後の決勝を司配《ママ》するものにあらず。士気を沮喪すること勿れ。尚右の旨各軍司令官にも伝達を乞ふ。（「『エ』国外相宛エチオピア問題懇談会ノ激励電発信ニ関スル件」）

エチオピア問題懇談会の以上のような活動は、ハイレ・セラシエ皇帝を感激させたらしく、九月に来日した特使を介して頭山に皇帝の写真を与えているほどであった。頭山をはじめとする、当時の日本の国権派アジア主義者たちは、海外の抑圧される者たち全てに連帯の手を差し伸べていたのである。

以上で紹介した人物以外では、フィリピン独立軍のアルテミオ・リカルテ将軍、熱心な反米活動家であるベニグノ・ラモスは、日本滞在時に頭山の支援を得ていた。また、ベトナムの王族でありながら独立活動家のクォン・デも頭山と親しい関係にあった。

第五章

日中戦争の中で

1　苦悩する頭山満

†満洲事変、血盟団事件の余波

一九三一（昭和六）年九月一八日夜一〇時過ぎ、関東軍は奉天（現在の瀋陽）郊外の柳条湖付近の満鉄線を爆破させた。関東軍はこれを張学良《ちょうがくりょう》の東北軍による破壊工作と発表し、直ちに軍事行動を開始し付近の北大営を奇襲攻撃した。これが柳条湖事件といわれるもので、本庄繁司令官が関東軍に出撃を命じたところ、張学良の不抵抗命令による東北軍の撤退もあって、一九日中に満鉄沿線は関東軍の制圧下に入った。

満洲事変発生の一報を頭山満に入れたのは、彼の側近の藤本尚則である。当日、藤本は夜遅くまで朝日新聞社内で仕事をしていたが、日をまたいだ三時頃に突然電報が舞い込んで事件を知ったのであった。そこで彼は、頭山に電話で事変発生の一報を入れた上で、夜明けを待って常磐松の自宅を訪問した。恒例の明治神宮参拝に同行した藤本に対し、頭山は「火事はだいぶ大きくなるだろう。この火事を消すのは日本として当然の仕事だ」と語ったという。当然、この時の頭山は、事変発生が関東軍による謀略だとは知る由もないのだが、この後の事変の拡大は予想した通りであった。

関東軍による事変拡大は、国際連盟の日本に対する不信感を強めることとなった。同年一二月一〇日、国際連盟理事会は「国際連盟日支紛争調査委員会」(リットン調査団)の設置を決議した。その直後、日本では若槻礼次郎内閣が満洲問題での閣内不一致をもって総辞職し、一三日に頭山の盟友である犬養毅が首相の座に就いた。犬養は早速、最大の課題である満洲問題の解決に取り掛からなければならなかった。

満洲問題に関する犬養の考えは、中国の満洲所有権を認めた上で、日中共同による経済開発を行うというもので、あらゆる排日行為を中国の責任で取り締まり、満洲北部国境は日本の実力で守りソ連軍の南下を防ぐというものであった。実質的な新政権の樹立であったといってよい。そこで、犬養は組閣の大命を受けた一二月一五日に、萱野長知に中国に渡って非公式に国民政府要人と交渉するように命じた。当時、蔣介石は党内事情で下野していたので、交渉相手は行政院長の地位に就いていた孫科らであった。

萱野は犬養の古くからの同志である。辛亥革命以来、大陸での活動を積極的に行い、中国革命派からは絶大なる信頼を得ていた人物だ。萱野は号を鳳梨庵という。「君の顔はパイナップルみたいだ」と孫文にからかわれたことに由来するといわれる。その彼を密使に選んだことは、まさに的確な選択であったということができる。

萱野長知

萱野は一二月一九日に出発し、二三日に南京に到着した後、孫科、国民党の長老である居正《きょせい》と会談を行った。二人とも萱野とは以前から面識があった。萱野は満洲事変についてリットンら第三者の容喙を許すべきではなく、日中両国間で解決すべきだと切り出した。孫科は初め難色を示したが、萱野は自分が犬養と頭山の熱意を背景にやって来たのだと述べると、最終的に居正に任せることに同意した。居正は現地に行くことを引き受け、「（自分は）売国奴となってもかまわない。両国百年のためにあえていとわない」と述べ、「その後はこれだ」と自ら首を刎ねる格好をしてみせたと伝えられる。

交渉は順調に進むかに見えた。しかし、萱野から犬養に宛てた報告の電報は、内閣書記官長でありながら犬養に敵対する森恪《つとむ》によって全て握り潰されていた。萱野は犬養に指示を仰いでいたものの、返電は来るはずもなく、交渉は間もなく行き詰まることとなった。翌年一月五日、萱野は帰国を命じられた。森が通じていた外務省と陸海軍の官僚たちが、萱野の折衝を満蒙分離工作の障害となると判断したためであった。ここに、犬養の構想は最終的に頓挫することとなった。

満洲問題の解決について、犬養が頭山に諮ったかどうかを示す資料はない。だが、満洲事変の処理の仕方については、両者はほぼ同じような考えであったと見てよいだろう。この時の任務において、頭山は表面に出ることはなかったが、事前に様々なアドバイスをしていたことは確実だと思われる。そうであれば、紛争処理計画が挫折したことは頭山にとっても残念な事態だったに違いない。そしてその一方において、この後の頭山の身辺には好ましからざる事件がいくつか発生していくことになる。それは、彼の支持者たちと息子の秀三《ひでぞう》が関わるものであった。

最初の事件は、一九三二（昭和七）二月から三月にかけて起きた血盟団事件であった。血盟団は、国家主義者で日蓮宗僧侶を自称する井上日召《にっしょう》（本名は昭）を中心に組織された右翼集団で、彼らは「昭和維新」を実現するために一人一殺主義を唱え、二月九日に前蔵相井上準之助を、三月五日には三井合名会社理事長の團琢磨《だんたくま》を暗殺したのである。井上準之助暗殺の翌日、井上日召は同志であり、かつて頭山満の秘書を務めたことのある本間憲一郎の手引によって、渋谷の常磐松の頭山邸内にある「天行会」の道場に身を潜めた。天行会を主宰していたのは頭山の三男に当たる秀三であり、本間とは友人関係にあった。

井上は道場の二階に潜伏した。やがて、二つのテロ事件の糸を引いている人物は井上日召だとの情報が警察に寄せられた。そして、警察当局は井上が頭山邸内に潜んでいることを摑んだ。しかし、当時、国士の牙城たる頭山邸には、警視庁としても踏み込むことは容

井上日召、左下は血盟団のメンバーの一人、古内英司

易なことではなかった。不測の事態も招きかねないということから、警察としても躊躇せざるを得なかったのである。そうした中で、木内曽益《つねのり》検事は強制処分を請求して邸内に乗り込むべきだと主張していたが、警察は井上を任意出頭させるという方向を選んだ。

邸内には頭山の支持者である国士、浪人たちが集まり議論を繰り返していた。このまま井上を放置しておくと、頭山に迷惑がかかることは必至なので、そうならないうちに井上を叩き出せという意見が大半だった。ただ、頭山は黙して語らないため、結論は出なかった。しかし結局、旧知の弁護士である天野辰夫の説得を容れて、井上は「このままだと頭山先生の所に迷惑がかかる」として自首することとなった。頭山は、「本人が出ると言うならばよかろう」と述べたという。三月一一日、井上は頭山邸を出た。

†五・一五事件と頭山秀三

犬養毅は、経済不況の打開に取り組むために高橋是清を蔵相に起用し、金輸出再禁止と兌換停止を断行するという形で、積極財政へと転換を図った。これによって、日本の輸出は急増することとなった。犬養はこうした方策によって昭和恐慌を打開して、国内の大陸進出論を抑えようとしたと見ることができる。しかし、一部国民の目には、犬養の対中国融和政策は、欧米列強の対日感情悪化を恐れるがゆえに、莫大な国家的利益をもたらす満洲をむざむざと放棄するかのように映っていた。

犬養は経済再生のために最善と考えられる手を打ったといえるのだが、政党政治それ自体を否定しようとする軍人たちの暴走は止められなかった。一九三二年に発生した五・一五事件がそれである。これは血盟団事件の第二陣として計画されたものであった。当日、首相官邸にいた犬養は、海軍予備少尉黒岩勇に銃撃されて頭部を負傷し、やがて死亡した。そして、犬養を知る者にとって衝撃的だったことは、事件に関与した者の中に長年の盟友である頭山の息子、すなわち秀三が含まれていたことであった。事件の捜査をしているうちに、秀三が拳銃と資金の調達に関わっていたことが判明したのである。

それではなぜ、秀三がよりによって犬養暗殺に関わるようになったのか。そのきっかけ

朝日新聞
未曾有の帝都大不穏事件
狙撃されて重傷の
犬養總理大臣遂に逝去
輸血も效なく昨夜十一時過
政界の巨星、兇彈に斃る
各閣僚の暇乞ひ
近親者一同の温やかな通夜
鈴木侍従長
天機を奉伺
襲撃者の一團
憲兵隊で取調べ
自首して出た十七名
臨時首相は高橋藏相
内閣總辭職に決る
大命再降下を期待し
一兩日中に總裁を推薦
陸、海軍側では
急遽重大會議
愼重に對策を協議

五・一五事件を伝える朝日新聞（1932年5月16日）

となったのは、前述した血盟団事件に際して井上日召を天行会道場に匿い、寝食をともにするうちに彼と懇意になったことにある。井上と本間憲一郎は、大陸浪人として中国で活動していた頃に知り合い、意気投合していた仲であった。本間は農本主義者である橘孝三郎の影響を受けて、郷里の茨城に農村子弟育成のための「紫山塾」を作りながらも、自身は頭山満の側近として東京にあった。

秀三は、一九三〇年九月、天行会を組織し、翌年二月に頭山邸内に会館と道場を建設して本部とした。天行会は、顧問に頭山満、柴田徳次郎（国士舘創設者）、理事に本間憲一郎、藤本尚則らを連ね、その綱領は「国民精神を鼓舞作興して人倫を正し、政道を明らかにして以て国礎の万古不易を期すと共に、外は欧米列強に対する帝国の地歩を確固ならしめ、亜細亜民族振興の大使命を敢行せざるべからず」というものであった（関東朝日新聞社編『血で描いた五・一五事件の真相』）。道場では、会員が心身の鍛錬のために武道の練習に励んでいた。この時二五歳の秀三は、父に並び得る国権主義者たらんとしていたと考えられる。

しかし、秀三には父親に対する強いコンプレックスがあったように見える。というのは、井上日召を天行会に匿っている時に、秀三は今年（一九三二年）の元旦に考えたことだとして次のように述べていたからである。「今年中にどうかお父さんに勘当されたい、勘当されるやうなことを仕出かして勘当されようと思ひました。［中略］何か自分はお父さんがあっての秀三である。唯頭山秀三としての秀三ではない、是から世の中に秀三としての秀三で乗出したいと云ふ気持ちが可成り動いて居る」（『血盟団事件速記録』）。以上のことから、彼の行動の基底には、父親に対する屈折した感情があったことが窺われる。

他方で、事件に決起した軍人たちの言説からすれば、秀三に対する評価はあまり高いものではなかったようだ。事件の首謀者の一人である古賀清志が秀三に拳銃の手配を依頼した際、彼は「近いうちに配下に対し全国的に連絡を執りに行く、拳銃も都合して遣らう」と返答した。しかし、本間は拳銃集めは自分がやるから、秀三は関わるなと断った。また彼は古賀に対して、「秀三は年が若い。皆から奉られて来て居るので、有頂天になるから同人には余り具体的な話はしない様にして貰い度《た》い」と述べていた。彼に対する信頼度は

ボース、謝恩の会（1932年）

その程度であったのである。その後、秀三は病気になったため、全国を連絡して回ることはできず、拳銃と銃弾は本間が手配することとなった。秀三は容易には父を越えられそうもなかったようである。

さて、頭山満は軍人たちの決起計画の情報をすでに得ていた。そして彼は、五・一五事件の二、三日前に犬養にそのことを告げていたらしい。二、三日前とは、ラース・ビハーリー・ボースによる謝恩会が開かれていた時のことだと考えられる（これを一週間前のことだとする説もある）。ボースは以前、来日してからイギリス政府に追われていた時、彼を援助してくれた恩人たちを、年に一度、中村屋に招待して謝恩会を行っていた。この時の写真には、中央に頭山、写真の向かって右隣には犬養が写っているのが見える。頭山はこの場で、犬養の身に危険が迫っていることを伝えたのである。

頭山は犬養に暗殺計画を告げた。だが、「逃げろ」とは付け加えなかったのではないか、と孫の犬養道子は推測している。愛する息子と四〇年来の友との間で、頭山は苦悩したに違いない。犬養はそのことを察した上で、「いやなに、おまえの息子がやらなくても、時代そのものがやるのだよ、心配するな」と心の中で呟いただろうというのである（『ある歴史の娘』）。だが、頭山の方はといえば、事件後は立ち上がれないほど衰弱していたといわれる。犬養に計画を告げたことは良かったことなのかと、彼は懊悩していたに違いない。

五・一五事件の後、頭山は何かにつけて道子に目を掛けてくれたという。父親（犬養健）が深入りするなと心配するほど、頭山は彼女を相撲見物や夕食に誘ってくれたという。一緒に出かければ、そばに置いて離さず、配下の者たちに夕食や茶菓と接待を命じ、ありとあらゆる愛情をもって彼女に接した。それは、決して友に対する贖罪という言葉で表すことができるものではなかったであろう。幼い犬養道子は、頭山の苦しみを和らげてくれる存在だったに違いない。

†頭山秀三の逮捕

五・一五事件の二週間前、本間憲一郎は満洲に向かった。満洲国の高官と頭山満関係者との連絡機関設置の打ち合わせのためであった。その時点で、彼は事件発生を全く予期していなかったのである。六月に帰国した本間は、頭山関係者のもとに身を寄せていたが、警察は本間が武器や資金の調達に当たっていた事実を摑んでおり、九月一八日に彼を逮捕した。本間の逮捕によって、頭山秀三が何らかの形で事件に関わっていたことが知られるところとなり、彼に対する逮捕状が発せられた。

しかし、秀三は常磐松の天行会本部にはおらず、警視庁が行方を調べたところ、森田操という女性と結婚して杉並区阿佐ヶ谷に住んでいることが判明した。一一月五日、警官隊が秀三宅に踏み込むと、彼は何ら抵抗することなく「では、参りましょう」と述べただけであったという。秀三の容疑は「恐喝」という別件による逮捕だった。秀三の恐喝容疑とは以下のような理由によるものであった。

一九三二年二月二七日に行われる衆議院議員選挙において、天行会の剣道師範を務める南里三省が佐賀県第一区から立候補することを決意したため、秀三は本間ら天行会の人々とその後援を引き受けることとなった。そこで、秀三は選挙運動資金を、頭山家に出入りする金融業者である赤沼吉五郎に都合してもらう約束を取り付けていた。しかし、その後、赤沼との連絡が取れなくなり、そのため必要な供託金を用意できず、南里は立候補を断念せざるを得なくなった。

一カ月ほど経って、赤沼は謝罪のために天行会を訪れた。赤沼は天行会会員から厳しい叱責を受けた結果、損害を金銭で補塡することを申し入れたため、トラブルはどうにか解決という運びになったかに見えた。しかし、警視庁は赤沼が天行会に渡した金が、五・一五事件の資金として海軍軍人に流れたのではないかと推測し、秀三を赤沼に対する「恐喝」容疑という名目で逮捕に踏み切ったのである。渡った金額は二万円だったといわれている。

頭山秀三

これと並行して、警視庁は児玉誉士夫《よしお》率いる独立青年社の捜索に乗出していた。児玉は戦後、政財界の黒幕として暗躍したことで知られる人物である。彼らは、一一月一一日に大阪府下で予定されていた陸軍特別大演習に際し、西下する牧野伸顕《のぶあき》内大臣、一木徳太郎宮内大臣らを演習地にて暗殺しようとする計画を立てていた。頭山秀三逮捕と同じ日に、天行会幹部の浦上四郎と紅田猶徳を検挙、独立青年社の岡田利平が逮捕された。一一月七日の『東京朝日新聞』では、事件についての記事が「第二次右翼陰謀の内幕　大演習の折西下し首相ら暗殺計画」の大見出しで掲載されている。

また、独立青年社は天行会と結んで、ダイナマイトと拳銃で武装して決起する計画も立てていた。それは、鬼怒川発電所と猪苗代発電所からの送電線を爆破して首都を暗黒化し、その闇に乗じて既成政党の指導者や重臣を襲撃し、それと同時に市街の至る所で爆竹を鳴らして東京中を混乱に陥れ、戒厳令を発令させようとするものであった。警視庁はこの事件にも秀三が関与していると見ていたが、立件が難しいと判断して五・一五事件との関わりのみで起訴することとなった。

そうなると、どうしても常磐松の頭山邸の家宅捜索が必要とされた。しかし、血盟団事件の時と同様、頭山邸には官憲といえども迂闊に手出しができなかった。そこは、さながら治外法権の場であるかのように見られていたのである。マスコミは実名を出すことを憚って、「右翼巨頭〇〇〇翁の三男〇〇〇〇」と伏せ字で報道していた。そうした中で、捜索を断行させたのは井上日召の出頭にも立ち会った木内曽益であった。

木内は、頭山が捜索を拒否するのではないかと覚悟していたという。しかし、捜索当日の頭山は、「泰然自若として眉一つ動かさず、端座したまま静かに長髯をしごいて『ご苦労です、どうぞ』と言って、家宅捜索に応じた」（『検察生活の回顧』）。木内はまるで古武士に接したような気を覚えたと記している。また、捜索を終えた検事や警察が帰る際、頭山夫妻がわざわざ玄関まで見送りに出るという丁重さには、一同深い印象を受けたという。

裁判の結果、秀三は禁錮三年の判決を受けた。頭山が獄中の息子に送った句に次のようなものがある（頭山統一「遺文」所収。ただし、読み下しは引用者による）。

仁者不憂、智者不惑、勇者不畏、是極楽。

（仁者は憂えず、智者は惑わず、勇者は畏れず、是れ極楽《きよくらく》なり。）

凡為事須要有事天心、不要有示人心。

（およそ事を為すに、すべからく天に事《つか》うるの心を有するを要すべく、人に示すの心を有するを要せず。）

この時の頭山は息子の心に何が不足しているかを知っており、それを教えておきたいと思って句にしたのであろう。秀三の長男頭山統一は、そのように推測している。そして、統一は次のようにも記している。「祖父の心の奥に潜む息子、老友、そして何より国家の運命に向けられた測りがたい情と憂い、祖父の憂いを知りつつ事件に深く関っていった父の心理的動機が、いつも私の心に問題意識として存在し続けた」（同前）。彼は父への疑問を終生封印し続けたし、父もそのことを口にすることはなかった。そして、頭山満本人も周囲に心境を語ることはなかった。彼らにとって、それはあまりにも重い事件としてあったのである。

2　本格化する日中戦争

†満洲国建国後の頭山満

一九三一（昭和六）年九月一八日の柳条湖事件を契機として満洲事変が勃発すると、関東軍によって満洲全土が占領された。軍中央は直ちに関東軍の行動を追認したが、満蒙領有案には反対したため、満洲国建国に方針を転換した。建国工作は、清朝最後の皇帝であった愛新覚羅《あいしんかくら》溥儀《ふぎ》の擁立と、現地の親日的軍閥政治家を利用して進められ、三二年三月一日に建国が宣言された。満洲国は建国理念として、日本人・漢人・朝鮮人・満洲人・蒙古人による五族協和と王道楽土を掲げた。

日本政府は同年九月一五日、満洲国を承認して日満議定書を締結し、翌三三年三月二七

対国際連盟国民大会（1933年）

日、満洲国を認めないリットン報告書の採択に反対して国際連盟に脱退を通告した。これに先立ち、二月二一日には日比谷公会堂で頭山満らの発起によって「対国際連盟国民大会」が開かれた。大会では、「本会は茲《ここ》に天地神明に誓ひ、世界平和のため烈々たる国民の総意を宣揚し、帝国の国是を堅持し、満洲建国の大業を翼成し、即時国際連盟の脱退を期す」との決議文を採択した。頭山は講演などは行わなかったが、閉会に当たって壇上に立ち「聖寿万歳」を奉唱した。

　しかし、満洲国建国についての頭山の本心はどうだったのであろうか。一九三五年四月六日、満洲国皇帝溥儀が天皇の国賓として来日した。翌日、溥儀は宿泊先の赤坂離宮に満洲国建国に貢献した軍人・民間人二〇名を招待した。頭山もその中に含まれていた。政府や軍関係者は、溥儀と頭山との会見を強く望んだという。しかし頭山は、息子の秀三が五・一五事件との関連で裁判中のため、自分は謹慎の身であるとして招待を固辞した。これは表向きの理由であったと見られる。また、彼は七十歳代後半になってはいたが、これといって健康上の問題があったわけでもない。頭山は単純に気が進まなかっただけなのである。

頭山が皇帝の招待を固辞したことについては、様々の推測や風評があった。軍やその周辺からは、天皇の貴賓の招待を拒むことは非礼だとの声が上がった。また、一部からは、頭山は国を挙げての満洲国支援に反対なのかとも推測された。もちろん、彼は中国国民党を支持する立場にはない。しかし彼にとって、中国ナショナリズムを排除しつつ建国された満洲国は、もはや止め難いものではあるものの、積極的にこれを支持する気持ちにはなれなかったものと推測される。

頭山は国権論者として、「皇帝陛下の御為、満洲国のために微力を捧げる覚悟である」と述べるものの、「気が進まない」として招宴への出席を思いとどまったのは、そこに彼の国家に対する忠義観との違和感を覚えたからではないのだろうか。「国家に忠なることは損をしてもやらねばならぬ。国家に忠ならざることは儲かつてもしてはならぬ」(『頭山満翁写真伝』)という言葉には、この時の頭山の姿勢を暗示するものがあるように思われる。端的にいえば、国家への忠義を前にすれば、満洲国皇帝の招待などはどうでも良いことだ

孫文十周年忌慰霊祭、右から２人めが頭山

ったのではないだろうか。

その一方で、頭山はこの年の三月一二日、日本青年館で行われた孫文十周年忌慰霊祭に出席している。神式で行われた追悼会の様子は、たまたまトーキーフィルムに記録されていた。ここで頭山は、憂いに満ちた低い声で次のように述べている。「孫文先生と交わした中日両国、長短相補い、有無相通じ、真の人道を世界に示め《ママ》そうと結んだ兄弟もただならぬ交誼友情が、今もっとも必要とされているとき、心外な状態が続いていることは残念の極みであります」（頭山統一「祖父・頭山満の思い出」）。頭山は満洲国成立を称えていたとはいえ、それ以上に孫文との生前の交誼は忘れてはならないことだったのである。

さて、満洲事変以降においても、日中連携

によって西洋に対決しようという頭山の姿勢に変化はない。そのことは、一九三二年六月二六日付の『ジャパンタイムズ』に掲載されたインタビュー記事からも確認できる。頭山はここで、人類は遠い将来に恒久的平和を確立するだろうが、それに至るにはまず日本が現在拠って立つところから始めて、それを未来に拡充していく順序を踏まなければならないとする。それにはアジアを連合させることが先決であり、この結合された力をもって西漸させるというものである。そして、日本はすでに朝鮮と結んだので、次には中国と手を握らなければならないとされる。

しかるに、頭山はここで、日本と中国は兄弟の関係にあるので、互いにせめぎ合うべきではないと強調する。だが、満洲事変と満洲国建国によって中国では反日感情が高まっている。両国は、頭山がいうところの「心外な状態」にあるのである。こうした事態を前に、頭山は日本にとって必要なことは中国を支援することだとする。彼は次のように述べている。「日本は可能なる限りの力を尽して支那を援助せねばならぬ。若し両国が相互に絶対的な親善関係を保つならば彼等は繁栄し延いて世界の平和は増進せらるゝであらう」(『頭山満翁写真伝』)。

それでは、援助とはいかなることを意味するのか。物質的・精神的なものではないであろう。おそらくそれは、中国への英米の影響力を排除して、反日を親日に変えるという意味での政治的支援であったと考えられる。そうすることによって、初めて日中の強い結びつきが可能となるからである。しかし場合によっては、その「援助」は介入や干渉となってしまう可能性も大いにある。だが、頭山はこのことに全く無頓着であるといってよい。ここには、頭山の純粋なるアジア連帯志向とともに、それが侵略の正当化につながる危険性が併存していることを窺うことができるだろう。こうした矛盾は、戦争の本格化によって、一層明確なものとなっていくことになる。

†盧溝橋事件以後の中国と

一九三七（昭和一二）年七月七日夜、北京（当時は北平と称した）郊外にある盧溝橋付近で日中両軍の武力衝突が発生した。当時、日本政府はこれを「北支事変」と呼んだ。一一日には一旦停戦協定が成立したが、同じ日に近衛文麿内閣が華北派兵を発表し、中国国民政府は「最後の関頭」に至れば抗戦も辞さないと声明した。そして、二八日には華北の日本軍は総攻撃を開始し、日中両国は全面戦争に入ったのである。

近衛文麿

戦争勃発に当たっての頭山の感想としては、息子の秀三が著した「父を語る」の中の一節がよく引用される。それによれば、七月一二日の朝、頭山は秀三を自室に呼び次のように述べたとされる。

馬鹿なことが始まった、蔣介石氏は日本と中国とが相助けあわねばならぬと云う意義を尤も解し得る中国人の一人であることを俺が一番よく知っている。蔣介石氏が日本へ来られた時に俺は日本と中国とが、いかなる情勢にたち到ろうとも、いかなる耐えがたい問題が持ち上がろうとも、日華の交わりを失ってはならない、もしそれを失う事があればそれは日華両国の理想を失い、日華両国の真理を失うことである。ただそののことだけを俺は蔣介石氏と、かたく約して別れたのである。その蔣介石氏が総大将となって、日華相戦うことになったと云うことは、やむにやまれぬ事情の下に蔣介石氏の非常な決心と覚悟とを思うことが出来る。

頭山にとって、日本と中国は連帯すべき関係であるので、戦争状態になったことは「馬鹿なこと」という以外にはなかったのだろう。その意味では、冒頭の発言は自然なものだったといえよう。

頭山はそれに続けて、一〇年前に東京で蔣介石と会見した時のことを持ち出し、それを互いの信頼関係の根拠としている。一九二七年当時、頭山は蔣に対して共産党の殲滅を強く望みつつ日中の連携強化を求めており、蔣もそれに同意していた。しかし、三六年一二月の西安事件を契機に国民党と共産党が抗日民族統一戦線の方向に進んでいたことは、誰の目にも明らかであった。頭山が「やむにやまれぬ事情」というのは、こうした事態について述べたものであろう。

しかし、戦争が始まった以上は、これに完全な勝利を収める以外にはない。すなわち、事態がこのようになったからには、「今度こそ息の根の止まるほど手厳しくやつつけて、将来二度と斯様な事態を惹き起させぬやう、禍根を徹底的に絶滅せねばならぬ」(「支那問題に関する話」)というのである。だが、彼は目前の敵である中国政府を軍事的に倒せとだけいっているのではない。「その背後から何時飛び出して来るか解らぬ怪物」、すなわち英米こそが頭山にとっての最大の敵であった。アジアを搾取・侵略し、アジア人同士を戦わせる英米の非道さに対する憤りが、彼の武力主義の背景にあったといえるだろう。頭山にとっては、西洋に操られている状態の中国を、武力によって覚醒させることが戦争の目標であった。

こうした意味で、日本の武力発動は中国に対する一種のショック療法であった。すなわち、この戦争は中国に対して、日本を頼る以外に途はないことを知らしめるための手段だと考えられたのである。したがって、この戦いは中国の占領などを目指すものではない。戦いの結果、おそらく中国は足腰も立たないようになるだろうが、これを経験として中国は軍事的に一層強化されて、将来には日本と軍事同盟を結びアジアの復興を図ることが必要だとするのである。このように、屈折した思考回路ではあるものの、日本戦勝の彼方には日中間の強い結束に基づいたアジア主義の実現が見据えられていたのである。

さて、盧溝橋事件勃発後、一連の和平交渉は不調に終わり、事態は膠着状態となっていた。日本側は、「国民政府を対手とせず」と宣言したが、一方では中国での親日政権の樹立に期待をかけていた。それは汪精衛（兆銘）担ぎ出し工作となって現れる。和平を重視する汪は、蔣介石政権からの離脱を決意して重慶を脱出した後、一九三九（昭和一四）年五月に日本側との協議の結果、新政府樹立の意を決し、翌年三月三〇日に南京国民政府の成立を宣言した。同年一一月三〇日、日本政府は南京政府を承認した。

南京政府を樹立した汪精衛が頭山を精神的な頼りとしていたことは疑いない。汪が辛亥革命当時から、頭山を「慈父の如し」と評価していたことは有名な話である。一九三九年の来日の際には、汪が頭山を訪ねた記録はないが、その後は彼および南京政府の要人が何度か訪れたことが確認される。四〇年五月には答礼使節として来日中の陳公博《ちんこうはく》と褚民誼《ちょみんぎ》が頭山邸を訪問し、汪からの敬意と健康を祈る旨の伝言を伝えると、頭山も「東洋民族の幸福のため今後の一層の努力を願ひ度《た》い」と答えている（「頭山翁と答礼使節」）。
この時、陳公博らに同行したジャーナリストの譚覚真は、当時の南京政府の頭山に対する態度について次のように記している。南京政府が頭山という人物をいかに重要視していたかを窺うことができる。

頭山先生をおたずねすることは、汪先生の御命令で国家的儀礼以上のものでした。訪日の御挨拶は、先ず宮中記帖ですが、次は頭山先生です。総理大臣はその次です。

（『大アジア主義と頭山満』）

汪精衛は一九四一（昭和一六）年六月に日本を公式訪問し天皇に謁見した。その後、多くの政財界の人物と会っているが、頭山と面会した際のことについては、わざわざ彼を「革命の大恩人」と称することを忘れなかった。汪は自分が孫文のアジア主義の真の後継者と任じており、頭山にもそのことを強調していた。四二年一二月二四日、来日中の汪は頭山邸を訪ね一時間以上にわたって歓談した。この時、汪は英米に対する日本軍の戦果は孫文の遺志に叶うものだと述べている（「思ひ出つきぬ団欒」）。頭山はこれに強く頷いたとはいうものの、自らの考えは示していない。彼はあえて示さなかったのかもしれない。

なお、四三年一一月の大東亜会議の際にも、汪精衛が頭山邸を訪れているが、その時のことを孫の統一は「若々しいピンク色の肌をした堂々たる風格でした」と記している（『祖父・頭山満の思い出』）。

汪精衛（兆銘）

頭山は戦争の本格化以降、ことあるごとに蔣介石が日本に背いたことを非難する言葉を発し、彼らがいずれ敗北する運命にあると述べていた。そして、反蔣・親日を掲げる汪精衛が日本にやって来れば、懇ろに接するのが常だった。そのような言説や対応は、社会一般が頭山に望むものでもあったであろう。しかし現実問題として、彼が軍事的基盤の脆弱な南京政府だけの力で日本との和平が可能だと考えていたとは思えない。後に述べるように、頭山は蔣介石政権との和平が可能だと考えていたし、最終的に汪と蔣の両政権の合流を望んでいたと考えられる。情勢がどう展開しても、中国が保たれるように二人は考えているはずだと頭山は見込んでいたのである。

一九二八（昭和三）年五月、頭山満の誕生祝いが世田谷の国士舘で開かれた。初めは、同校創立者の柴田徳次郎が、学生たちの相撲大会でも開いて頭山に見物させたいという程度のものだったが、次第に話が広まっていき、ついに近郊諸県から千名以上の参加者が押し寄せることとなった。また、どこから聞きつけたのか、蔣介石までが鄭重な祝意を表したということである。出席者には首相をはじめ閣僚クラスも多数含まれていた。田中義一首相は祝辞で、頭山を「先憂後楽」を実践する仁人君子であると称えた。当時から、頭山の国民的人気はかなりのものであったことが分かる。

一九三〇年代から四〇年代前半にかけて、頭山満に関する著作は十冊以上が刊行されている。すでに、頭山の名前は国民の間で知らぬものはないほどだったが、八十歳代後半に差し掛かるこの時期、彼は国士として、そしてアジア主義者として世間で偶像化されていくことになる。一九四二（昭和一七）年五月二八日、近衛文麿らの発起によって米寿の祝賀会が両国の国技館で行われた。参加人数は八千人に及んだという。日本朝野はもとより、アジア諸国の名士からの祝物、祝辞が山をなしたということである。無位無官の人物でありながら、かつてこのような扱いを受けた者がこれまでいただろうか。

頭山の米寿を記念して出版された書籍に『興亜運動と頭山満翁』がある。これは、頭山の弟子の一人である鈴木善一が、頭山のそれまでのアジアとの関わりや言説などを拾い集めて書き著したものである。同書は内容としてはさほど見るべきものはないが、さすがに著者は頭山の信奉者だけあって、彼を藤田東湖と西郷隆盛の道統を継ぎ、国体を護持し国脈を長養せしめた人物だと称賛している。そして同書では、頭山がこれまで追求してきた理想である神国日本の興隆、アジア維新、世界一家の実現等は、未だ実現すべき課題として残されているとする。

しかし、かつての同志である内田良平はすでに亡く、「頭山翁独り矍鑠《かくしゃく》として米寿を迎へられたりと雖も、維新の大業を補翼すべき継承者を何処に求むべきであらうか。この点転《うた》た荒寥《こうりょう》の感無きを得ない」と著者はいう。今や、未完の大業の実現のために、次代を担う青年たちに期待をかけなければならないのであるが、そのためには頭山のこれまで歩んだ人生と精神は、「血と忠魂のリレー」として彼らに受け継がれなければならないという。同書は、そうしたことを目的として執筆されたといえる。青年たちには、模範的国士である頭山を理想として生きていくことが求められるようになったのである。

頭山のそれまでの活動は演劇にもなった。中村吉蔵作の「頭山満翁」という題名で、新国劇によって一九四〇（昭和一五）年三月二一日から四月二八日まで帝国劇場で上演されたものがそれである。存命中の人物の活躍が舞台化されるなどということは、あまり聞いたことがない。それほど、当時の彼は英雄視されていたといえるだろう。当初、頭山は新国劇による舞台化には、気乗りがしない姿勢を見せていたという。しかし、それを知った徳富蘇峰が、これは頭山の多年に渡る功績の「名誉税」であり「人間税」であると説得したため、受諾したといわれている。

劇は全五幕七場で、頭山役を演じたのは戦後もテレビや演劇で活躍した島田正吾である。登場人物は杉山茂丸、宮崎滔天、金玉均、孫文らで、全編を通じて頭山が関わった事件の名場面集といった感がある。ただし、第一幕に予定されていた来島恒喜による大隈重信襲撃事件は、警察の指示によって上演が禁止されたという（品川義介「立雲頭山満先生」）。

左が新国劇俳優の島田正吾、右が頭山満本人

全体を通じての見どころとしては、金玉均が死を覚悟して朝鮮に帰国を決意する場面、頭山が伊藤博文に対ロシア軟弱外交を責める場面、そしてラース・ビハーリー・ボースを逃亡させる場面などが挙げられるだろう。最終の第五幕は、御殿場にある頭山の別荘にボース、金玉均の遺児という設定の人物らが集まる場面である。ここで頭山は、「朝鮮、印度、それから日本人の我々と、これに支那が加はれば、富士山麓で、亜細亜民族大会となるところだ」と述べ、最後には日本

はアジアの本家であるとして、一同で宮城遥拝を行って芝居は幕となる（中村吉蔵「頭山満翁伝」）。通俗的ながら、ここには当時の日本のアジア主義の要素が十分といえるほど反映されている。

この芝居は娯楽作品の域を越えるものではないが、頭山の信奉者の中には自らを省みさせるものでもあったようである。劇を見たある人物は次のように記している。「中学生の頃頭山満伝記を読み感動し、将来私が第二の頭山満になる決意（を）して来たが、昨夜新国劇で頭山満伝の劇を観劇し、私は頭山満になれないと感じました。高利貸から十五万円借り孫文に与え、抵当に左手中指を切った、まではできるとしても山中で狼に嚙みつかれた時振りむきもせず立ち去った態度は私にできないからです」（戸松慶議『遺言状』）。もちろん、芝居の中には虚像も含まれている。例えば、「左手中指を切った」というのはフィクションで、頭山自身も否定していることである。また、頭山は狼に嚙まれたことは真実だというが、それがどの程度のことかは分からない。しかし、それらを全て真実だと感じさせるものが時代の風潮としてあったということであろう。

†日中和平工作の中で

近衛文麿は戦後まもなく手記を発表している。彼は、そこで自分がもともと戦争不拡大論者だったとしている。すなわち、彼がいうには、盧溝橋事件の勃発後は石原莞爾の勧めで、自らが中国に渡り蔣介石との直接交渉を望んだが、軍の強い反対に遭って実現しなかった。そこで、代わりに宮崎龍介を南京に送ろうとしたが、これも軍に情報が漏れて失敗に終わり、結局、近衛は軍部の戦争拡大の主張を容れざるを得なかったというのである（『平和への努力』）。

しかし、近衛の手記は発表当時から評判が悪く、自己弁護と軍部への責任転嫁に過ぎないといわれていた。ただ、日本政府が蔣介石との交渉を完全に諦めていなかったことは事実である。汪精衛による南京国民政府の樹立後も、松岡洋右《ようすけ》外相の主導によって、浙江財閥の実業家である銭永銘を仲立ちとして重慶の蔣介石と交渉しようとしていた。だが、これも最終的に折り合いがつかず実現しなかった。日本による南京政府の承認までに八カ月もかかったのは、このようなことが背景にあったからである。

すでに、重慶政府との交渉口を求めて民間人士は活動していた。それは、萱野長知、秋山定輔、小川平吉、山田純三郎といった人々によるものであった。彼らは高齢の頭山に替わって情報を収集しており、時機が到来すれば頭山に直々の出馬を求める考えでいたのである。萱野らの活動の様子は、崎村義郎の『萱野長知研究』に詳しく記されている。

日本政府が対中国交渉のために頭山を担ぎ出そうとする案は、一九三七年時点からあった。すなわち、近衛首相は広田弘毅外相と親密な仲だった頭山を内閣参議に起用し、彼を中国に派遣して和平の糸口をつかもうと考えたのである。参議とは総理の相談役であり、待遇は閣僚並みだった。近衛から打診を受けた頭山は内諾したが、彼を「市井の無頼漢に毛が生えたもの」と見下していた内大臣湯浅倉平が計画に反対したため実現しなかった。このため、頭山の中国派遣どころか、参議就任も取りやめになった。頭山からすれば、面目をつぶされたことになる（服部龍二『広田弘毅』）。

　政府が非公式ながら頭山を中国との交渉人物として挙げるのは、一九四〇（昭和一五）年九月に入ってからのことであった。南京政府との日華基本条約調印に向けての交渉の過程で、外務省はこの条約が必ずしも日中両国間の全面和平につながるものではないと考え、これと並行して「重慶政権の屈服を招来する為の有《あら》ゆる努力」が必要であるとした。そうはいいながらも、これは事実上重慶を相手とする和平交渉を予定したものであった。

　そして、重慶との交渉に当たっては、日本政府自らが適当と思われる人物を選び出し、重慶の要路に対して直接説得する方法もあるとされた。その際には、「不取敢《とりあえず》政府代表の資格を与へ、民間人を重慶に特派すること最も有効なりと考へらる。例へば、頭山満翁又は其の代表としての子息秀三郎《ママ》の如き重慶部内に信用ある者を起用することも、真面目に考慮するを要すべし」とされた（「日支全面的和平処理方策ニ関スル試案」）。五・一五事件に連座した秀三はすでに出獄し、一九三九年には一家で上海に渡り、そこを拠点として日中間を行き来して和平工作に従事していた。この段階において、蔣介石と直接に交渉し得る人物は、頭山親子を置いてほかにはいないと考えられていたのである。

一九四一年（昭和一六）年九月、頭山は陸軍の東久邇宮稔彦《ひがしくにのみやなるひこ》から蔣介石との和平会談を試みるよう依頼された。東久邇宮に頭山起用を薦めたのは、元軍人の橋本欣五郎である。橋本は八日に東久邇宮邸を訪れ、日本の内政・外交上の一大転換をするには蔣介石との和平が必要であるとし、それには頭山を公式使節としてではなく、私人として中国に渡らせ交渉させるのが良いとした。東久邇宮は以前、ある人物を介して、蔣介石が「頭山となら会ってもよい」といってきたことを覚えていた。当時、東久邇宮は頭山との面識はなかったが、自身も和平の必要性を痛感していたため、とにかく彼を自宅に招くことにした。

東久邇宮稔彦

頭山親子が東久邇宮邸を訪問したのは九月二四日のことであった。ここで、東久邇宮は和平の必要性を述べ、日本政府代表の官僚や軍人、あるいは外交官を派遣しても蔣介石は相手にしてくれないだろうとして、次のように述べた。「私は、頭山がもっとも適任者だと思う。頭山が一個の日本人として、適当な場所で蔣介石に会って、アジア永遠の平和のため、またアジア民族のために、和平を勧告してはどうか。これがためには、時機を選ぶことがもっとも大切だと思う」。これに対して頭山はこう答えた。

頭山も日支問題について、かねて心がけています。頭山は年をとっておりますが、殿下のお考えのようにいたします。(『東久邇日記』)

この時、頭山は八七歳であった。東久邇宮が頭山を選んだのは、それによって国内の好戦的な右翼分子を抑えることができると考えたためでもあった。この試みは一八〇度の国策の転換であるがゆえに、軍関係者の反発も生じるかもしれないが、頭山を前面に出せば押し切ることができるだろうと考えたのである。その後、東久邇宮は朝日新聞社の緒方竹虎と「頭山―蔣介石会談」の時期、政府や軍関係者に計画を話す時期などを相談した。緒方が伝えるところでは、頭山は中国行を決心してから、日常の健康に特別の注意を払うようになり、固い決心で時機が到来するのを待っていたという。

東久邇宮は当時陸相であった東條英機に頭山派遣の計画を提案した。東條に打ち明けたのは、陸軍に話をつけない限り、全ての問題が動かないと判断したためであった。しかし、東條は「その時期ではない。そんなことはやめてほしい」と提案を一蹴した。おそらく彼はすでに、憲兵隊などを通じて情報を得ていたのであろう。その後、東條が首相となり日米開戦となってからも、東久邇宮は戦況が有利なうちに蔣介石政権と交渉すべきだと勧めた。しかし、これもまた「見解の相違」を理由に聞き入れられることはなく、計画は最終的に幻に終わった（東久邇宮稔彦『私の記録』）。かくして、戦争終結の芽は摘まれ、事態は泥沼化していくことになる。

†太平洋戦争開始以後

頭山満の生涯は反英米の意識で一貫していたということができる。両国はアジア共通の敵であると見なされていた。特にイギリスに対しては、己の利欲をほしいままにするばかりで、皮相文明、詐欺文明、けだもの文明の国だと批判していた。頭山は孫文を支援する際にも、彼のイギリス嫌いという点に強く共鳴するとしていた。

一九四一（昭和一六）年一二月八日の日米開戦に始まる太平洋戦争は、英米を撃滅するという意味で、頭山にとっては待ちに待った時機の到来であった。同月一七日、頭山は次のような談話を発表している。

八日の朝いよ〳〵開戦と聞いて、これで大丈夫と考へた、戦を開きさへすればよい。日本が負けよう筈がない。勝つに決つている。〔中略〕この年こそは昭和の岩戸開きぢや。日本の五十倍もある米国、それに英国も加へてそれを二三日で叩き上げ、擲《なぐ》りつけて、双方共に気を失はせたとは面白い。（『頭山満翁正伝』）

英米は軍事費も多く豊富な兵器も持っている。しかし日本には、軍艦や水雷にも勝る「人雷」があるという。頭山は、日本人は魂の力で敵に打ち勝つことができるというのである。そして、今まで日本は英米の真似ばかりしてきたが、これから先は向こうの子どもたちが日本語や日本精神を学ぶ時代になるだろうという。そのため今後は、外敵に次いで、日本人の魂を奪われた内部の敵を絶滅し、日本人の全てを真の日本人として、皇道を世界に宣布しなければならないとする。このように、岩戸開きとしての新しい時代が始まり、頭山の理想とする世界は近付きつつあるかのように思われた。

頭山には青年時代から「皇国日本」の観念が固まっており、しかも日米開戦当時には中野正剛や松岡洋右らが情報をもたらすことが多く、その影響もあってか、彼は政府や軍の側に立った考えを一方的に信じることもあったようである。なお、開戦に先立つ一九四一（昭和一六）年九月、日独伊三国同盟締結二周年に当たって、頭山は日本国民を代表して独伊両国に戦勝祝賀と相互親善の意を表するために、ヒトラー総統とムッソリーニ首相に祝電とともに日本刀を贈呈している。これなども、彼らの勧説によるものであったであろう。

一九四三年元旦、頭山は新聞に談話を発表し、戦争勝利に向けての熱意を語った。彼はここでいつものようにイギリスの非道さを論じ、かつて日本はイギリス文明を学んだがゆえに、暗黒の濁流に押し流されてしまったとする。今日における日本の任務は、彼ら英米人を罪悪から救い出すことである。この意味で、今回の戦争は天皇の慈悲の現れであり、聖戦と称する所以なのだという。そのためには、日本国民は大いなる自信を持つ必要がある。かつて謳われたような、「世界の大勢に順応する」などという消極的な姿勢であってはならない。世界を率いていくという自信を持って、この戦争に臨む必要があるというのである（「正義の岩戸を開き世界に〝御光〟を注げ」）。

頭山が談話を発表した一九四三年一月は、まさにガダルカナル作戦が多数の戦死者を出す中で失敗に終わりつつある時期に当たる。もちろん、言論封鎖の中、そのような事実は国民には知らされてはいない。頭山ですら例外であるはずはなかった。しかし、戦況が思わしくないことは、何処からともなく漏れ伝わってくるものであった。

同年一二月八日、福岡市の筥崎《はこざき》八幡宮で頭山を願主とする戦勝祈願が行われたが、その時の頭山の祈禱ぶりには凄まじいものがあったという。十数分間にわたる黙禱祈願の間に、顔色は初め赤くなり次いで蒼白となって、傍から見ても恐ろしいほどであったと伝えられている。この時、随行した葦津珍彦が新聞での戦況報道に虚報が多いことを告げると、烈火のごとく怒り、強い言葉で次のように述べたという。

貴様、飛行機がないとか弾がないとか、そんなことを考えている時ではないぞ。今は国民の心が神と一体となり得るかどうかが問題だ。それが一体となった時は、岩も飛ぶ。山も飛ぶぞ。神意に通じなければ、弾丸も飛行機も役に立ちはせぬ。(『頭山満翁正伝』)

葦津は、昭和に入ってからの頭山が宗教的・哲人的イメージを強めたとしているが、この祈禱の場面はまさにそうした傾向を示している。しかし、彼の神意と一体になろうとする努力にもかかわらず、日本は敗戦への道を歩み続けていくことになる。おそらく、頭山としては信じたくないことであったろうが。

おわりに

頭山満は一九四四（昭和一九年）年一〇月五日、御殿場の別荘で永眠した。前日、部屋で囲碁の棋譜を見ながら碁盤に向かっている時に、突然倒れたのだという。翌日の新聞の報道によれば、持病の胃潰瘍の出血による脳貧血のためであった（「頭山満翁逝く」）。最期を看取ったのは妻の峰尾と次男の泉だった。享年八九。天寿を全うしたといえる。遺骸はその日の夜九時過ぎに渋谷常磐松の自宅に戻された。この時、緒方竹虎をはじめ、有名・無名の大勢の人々が門外で彼の帰宅を待ち受けていたという。

亡くなる少し前の九月末、息子の秀三が中国に渡る前の挨拶のため、頭山のもとを訪れていた。その時の頭山は非常に機嫌が良く次のように述べたという。

中国にまた行くか、元気で行ってこい、皆日華の全面和平を、到底できんこととして、あきらめよるようだが、お前まで力落しをしちゃあかんぞ。中国が英米と協力して、日本と相戦う、これは真実ではない、嘘だ。嘘はいかなるこだわりがあろうとも長くつづくものではない。中国が滅びて日本はどうしようというのか、俺は孫総理の心と、かつて蔣介石氏と約したことを、現代中国においても真正なる中国の心と信じ、中国の理想であることを疑わない。(「父を語る」)

頭山は死の直前まで、日中和平の実現を信じて已まなかったのである。その先にあるのは、インドを含めたアジアの復興であった。当時、病床にあったラース・ビハーリー・ボースは頭山の訃報を聞いて、「そうか」と一言つぶやいて、流れ落ちる涙をタオルで押さえていたという(『父ボース』)。ボースは、一度でいいから頭山を独立したインドに連れていきたいと願っていた。そして、今となっては、アジア解放の戦いに勝利することが、頭山への手向けとなると述べている。だが、ボース自身も祖国の独立の報せを聞くことはなかった。翌年一月一〇日、彼もまた脳出血のため世を去るからである。

頭山は生涯にわたり無位無官であったが、その死に際しては天皇から祭祀料が下賜された。葬儀は一〇月一〇日、芝の増上寺で行われた。葬儀委員長は元首相の広田弘毅が務め、副委員長は緒方竹虎であった。戦時下であるにもかかわらず、葬儀には驚くほど大勢の参列者があり、民間人としては格別に盛大なものであった。一一月五日には、福岡の頭山家菩提寺で郷土葬が営まれ、六日には崇福寺で分骨式が行われた。崇福寺にある玄洋社墓地には、高場乱をはじめとし、箱田六輔、平岡浩太郎、来島恒喜ら二百数十名の同志たちが眠っている。頭山もその列に加わったのである。

孫の統一によれば、頭山が没すると、交戦中でありながら中国の各所でも慰霊祭が営まれたという。これに応えて行われたのが、秀三による一九四四年一二月一二日における上海の放送局からのスピーチ「父を語る」であった。中国でどのような形で、どのくらいの規模で追悼会が行われたのかについては、現在では確認することができない。中国在住の日本人によるものだったとしたら、それはあり得ないことではない。しかし仮に、中国人によって行われたものがあったとすれば、それは一体どのような人々によるものだったのだろうか。興味が持たれるところである。

一九四五（昭和二〇）年八月一五日、日本は敗戦を迎える。翌年一月四日、連合国総司令部マッカーサー元帥は戦争指導者に対する公職追放令とともに、超国家主義団体の解散を指令した。その団体には玄洋社も含まれていた。これが本書冒頭で触れた、ハーバート・ノーマンの進言によるものであることはほぼ間違いない。彼は玄洋社の指導者たちを、ヒトラーになぞらえていた。これによって、頭山は模範的国士の座から引きずり降ろされ、「右翼の巨頭」という負のイメージで語られることが多くなる。このことは、頭山の信奉者たちにとっては耐えられないことだったであろう。そうした中で、「これはそれ程気になることでもなかった」と記したのは孫の頭山統一である。

統一によれば、祖父はもともと神から悪魔に至るまで、殊のほか多様な評価を受けてきた人物であった。そして、国士とも呼ばれたが、この国士という言葉自体が、様々な解釈の可能な、複合した内容を持つ概念だったという。そこには、肯定から否定、尊敬から蔑視、軽い皮肉までが含まれていた。そのため彼は、「この語の概念がネガティヴな意味だけに単純化されたことで、私は大いに気楽になれた」というのである（「遺文」）。

親族の中にも様々な思いを持つ人があっただろう。ただ、統一の場合を例とすれば、彼は人間の心と行為が必ずしも直線で結び付くものではないと考えており、「国士」と称される人々もまた同様であることを知っていた。そうであるがゆえに、彼としては、祖父が各人の立場から多様な解釈をされるよりも、むしろ「ネガティブ」であろうとも、そっと捨て置かれた方が本人のためにも良いと思ったのではないだろうか。

確かに今のような時代にも、明治から昭和前半期に至る歴史的文脈におけるのと同様の枠組みで、頭山を評価しようとする人々も存在している。アジア主義を現代の「維新」に結びつけようとして、頭山のかつての言動が利用されることはしばしばある。しかし、それはどれほどの意味と可能性があることなのか疑問である。なぜなら、敗戦によって明治以降のアジア主義は思想的役割を終えたといえるからである。現代におけるアジア主義の可能性とは、人類の共生を求めて、西洋文明の限界を乗り越えるべく、アジア的思考の枠を紡ぎあげていく道にほかならないだろう。

そうした意味において、頭山という人物を歴史的文脈の中で評価するならば、彼は日本固有の伝統思想に基づいた国権論の立場から、アジア連帯の主張を展開した人物であり、その目標とするところは、文明という美名をもって他者を侵略・抑圧する西洋に対抗することにあった。その主張の核としてあったのは、彼が普遍的道義性に通じると確信した天皇道であった。確かに、頭山は強い皇国意識の持ち主ではあった。しかし、彼のアジア主義の本質はイデオロギーにあるのではない。彼は思想・信条を超えて人と交わることができる人物であった。中江兆民や宮崎滔天ら民権論者との交友関係がそのことを示している。

そうした度量の広さと同時に、頭山を特徴づけているのは、その無私の心情と行動であった。彼は義俠の人だったといってよい。彼は信頼に足り得ると見なした人物には、徹底した援助を惜しまなかった。金玉均、孫文、ボースらをはじめとして、頭山が生涯にわたって関わった人たちは彼の恩情に感謝し、それに報いようと努めたに違いない。

もちろん、頭山に限界がなかったわけではない。彼の国権主義的立場が、アジアにおける日本盟主論の強調につながったことは事実である。このことは、相手国——特に中国の

青山霊園にある頭山の墓

ナショナリズムについての理解を妨げさせることになったといえるだろう。日中関係が険悪化する一九三〇年代以降においても、そうした傾向は顕著に見られるところであった。こうした傾向は、青年時代までに形成された思想的基盤の上にあると考えられる。

　中国に対する頭山の強権的ともいえる発言の背後には、英米の影響力を排除しきれないことに対する強い苛立ちがあったといえる。頭山としては、日中が真の提携を果たすには、中国を反英米の立場に変えさせなければならず、そのためには日本の武力行使も容認されるものであった。新聞などに現れた彼の発言は、世間一般から好戦的なものと受け止められたことは間違いない。だが、実際には戦争が彼の本意であったわけではない。晩年に和平工作に従事しようとした事実はそのことを現している。このように、日中の提携を主張しながらも、それが侵略の容認と見なされる矛盾の中に、頭山のアジア主義の特徴があったということができるであろう。

参考文献

「亜細亜民族の大同団結を図れ　孫文氏語る」、『東京朝日新聞』一九二四年四月二五日。

葦津珍彦『大アジア主義と頭山満（増補版）』日本教文社、一九七二年。

――『武士道――戦闘者の精神』神社新報社、二〇〇二年。

――『永遠の維新者』葦津事務所、二〇〇五年。

葦津耕次郎著、葦牙会編『あし牙』葦牙会、一九四〇年。

井川聡・小林寛『人ありて――頭山満と玄洋社』海鳥社、二〇〇三年。

井川聡『頭山満伝――ただ一人で千万人に抗した男』潮書房光人社、二〇一五年。

家近亮子「蔣介石の一九二七年秋の日本訪問――『蔣介石日記』と日本の新聞報道による分析――」、山田辰雄・松重充浩編『蔣介石研究――政治・戦争・日本』東方書店、二〇一三年。

石瀧豊美『玄洋社・封印された実像』海鳥社、二〇一〇年。

犬養道子『犬養道子自選集　二　ある歴史の娘』岩波書店、一九九八年。

植木枝盛『植木枝盛集　第七巻』岩波書店、一九九〇年。

上村希美雄『民権と国権のはざま　明治草莽思想史覚書』葦書房、一九七六年。

薄田斬雲『頭山満翁の真面目』平凡社、一九三二年。

大川周明「安楽の門」、竹内好編『アジア主義　現代日本思想大系・九』筑摩書房、一九六三年。

――（中島岳志編・解題）『頭山満と近代日本』春風社、二〇〇七年。

「大阪事件・桜井徳太郎予審調書」、奈良県近代史研究会編『大和の自由民権運動』奈良県近代史研究会、一九八一年。

緒方竹虎『人間中野正剛』中央公論社、一九八八年。

「思ひ出つきぬ団欒　汪院長、頭山翁を訪ふ」、『東京朝日新聞』一九四二年一二月二五日。

「華盛頓会議と全国有志大会――十四日築地精養軒にて」、『京城日報』一九二一年一一月一九日。

海妻玄彦「孫文の日本亡命とその隠家の生活（付・ラス・ビハーリ・ボースの失踪）」、『アジア経済研究所所報』第一八号、一九八〇年五月。

外務省「乙秘第一五六九号『孫文一行ノ動静』」一九一五年七月三一日、アジア歴史資料センター。

――「乙秘第二〇三二号『印度人「グプタ」ノ行動』」一九一五年一〇月一八日、同右。

――「乙秘第二〇七四号「『孫文ノ動静』」一九一五年一〇月二六日、同右。

――「外秘第四五四号『復興亜細亜講演会ニ関スル件』」一九二二年一二月一日、同右。

――「外秘第一一三一号『孫文追悼会開催ノ件』」一九二五年五月九日、同右。

――「外秘第一七三二号『「エ」国外相宛エチオピア問題懇談会ノ激励電発信ニ関スル件』」一九三五年一〇月八日、同右。

――「日支全面的和平処理方策ニ関スル試案」一九四〇年九月五日、同右。

「革命の首領黄興氏帰国の途に就く」、『日米』一九二六年四月二三日。

萱野長知『中華民国革命秘笈』（復刻版）アイシーメディックス、二〇〇四年。

関東朝日新聞社編『血で描いた五・一五事件の真相――陸海軍大公判と血盟団公判の解説』共同館、一九三三年。

木内曽益『検察生活の回顧』私家版、一九六八年。

久保田文次編『萱野長知・孫文関係史料集』高知市民図書館、二〇〇一年。

玄洋社社史編纂会『玄洋社社史』玄洋社社史編纂会、一九一七年。

「現在の所では策の施しやうが無い」、『大阪時事新報』一九二四年五月三一～六月二日。

「神戸来着ノ孫文ノ船上ニ於ケル記者会見及ビ埠頭ノ歓迎情況等報告ノ件」一九二四年一一月二五日、『日本外交文書』大正一三年第二冊、日本国際協会、一九八一年。

『血盟団事件公判速記録・上巻』血盟団事件公判速記録刊行会、一九六七年。

「黄興追悼」、『中外商業新報』一九一六年一一月一八日。

国民同盟会編『国民同盟会始末』政文社、一九〇二年黒龍会編『西南記伝　下巻二』黒龍会本部、一九一一年。

——『日韓合邦秘史』黒龍会出版部、一九三〇年。

——『日韓合邦記念塔写真帖』黒龍会本部、一九三四年。

——『東亜先覚志士記伝』黒龍会出版部、一九三三〜三六。

古島一雄『一老政治家の回想』中央公論社、一九七五年。

近衛篤麿日記刊行会編『近衛篤麿日記』鹿島研究所出版会、一九六八〜六九年。

近衛秀麿『風雪夜話』講談社、一九六七年。

近衛文麿『平和への努力』日本電報通信社、一九四六年。

佐々木到一『ある軍人の自伝』普通社、一九六三年。

崎村義郎著・久保田文次編『萱野長知研究』高知市民図書館、一九九六年。

蔣介石「告日本国民書」（一九二七年一〇月二三日）、黄自進編『蔣中正先生対日言論選集』財団法人中正文教基金会、台北、二〇〇四年。

「蔣氏と頭山翁昔語りに興ず」、『大阪朝日新聞』一九二七年一〇月二四日。

品川義介「立雲頭山満先生（一五）」、『野人の叫び』第二三九号、一九六一年九月。

鈴木善一『興亜運動と頭山満翁』照文閣、一九四二年。

「正義の岩戸を開き世界に〝御光〟を注げ　頭山翁勝利の信念を説く」、『東京朝日新聞』一九四三年一月一日。

関岡英之『大川周明のアジア主義』講談社、二〇〇七年。

「善隣同志会成る」、『東京朝日新聞』一九一一年一二月二九日。

相馬黒光「ラス・ビハリ・ボース覚書」、竹内好編『アジア主義　現代日本思想大系・九』筑摩書房、一九六三年。

孫文「致頭山満函」一九一八年一月二一日、広東省社会科学院歴史研究所ほか編『孫中山全集　第四巻』中華書局、北京、一九八五年。

——「犬養毅への書簡」一九二三年一一月一六日、伊地智善嗣・山口一郎編『孫文選集　第三巻』社会思想社、一九八九年。

「対支聯合大会」、『大阪毎日新聞』一九二三年七月一六日。

財部一雄編『立雲翁の面影』明道館、一九七六年。

竹内好「アジア主義の展望」、同編『アジア主義　現代日本思想大系・九』筑摩書房、一九六三年。

――「日本人のアジア観」、『日本とアジア』筑摩書房、一九九三年。

田中惣五郎『東洋社会党考』新泉社、一九七〇年。

田中健之『昭和維新――日本改造を目指した〝草莽〟たちの軌跡』学研プラス、二〇一六年。

田中稔『頭山満翁語録』皇国青年教育協会、一九四三年。

忠誠堂編輯部編『皇道政治樹立を謀る「五・一五」の全貌と解説（陸海軍側大公判の血盟団公判の真記録）』忠誠堂、一九三三年。

趙軍『大アジア主義と中国』亜紀書房、一九九七年。

都筑七郎『頭山満――そのどでかい人間像』新人物往来社、一九七四年。

坪内隆彦「マヘンドラ・プラタップ」、『月刊日本』第九二号、二〇〇五年一二月。

鶴見祐輔「広東大本営の孫文（抄）」、『改造』一九一三年七月、陳徳仁・安井三吉編『孫文・講演「大アジア主義」資料集』法律文化社、一九八九年。

戸松慶議「頭山満翁と私」、『綜合文化』第一巻第八号、一九五五年一二月。

――『遺言状――救國法典』國乃礎本部、二〇〇二年。

「頭山翁と答礼使節」、『東京朝日新聞』一九四〇年五月二六日。

「頭山満翁逝く――九十歳の高齢・御殿場山荘で」、『東京朝日新聞』一九四四年一〇月六日。

頭山満「断然武力に訴へろ　頭山翁の時局観」、『東京朝日新聞』一九一五年五月一日。

――『大西郷遺訓　立雲頭山満先生講評』政教社、一九二五年。

――「近衞篤麿公の偉業」、『支那』第二五巻第二・三合併号、一九三四年二月。

――（談）、薄田斬雲編著『頭山満直話集』書肆心水。二〇〇七年。

――『頭山満思想集成』書肆心水、二〇一一年。

頭山満翁正伝編纂委員会編『頭山満翁正伝（未定稿）』葦書房、一九八一年。

頭山統一『筑前玄洋社』葦書房、一九七七年。

――「祖父・頭山満の思い出」、『祖国と青年』第七三号、一九八四年一〇月。

――「遺文（草稿）」、『小日本』第一一三号、一九九〇年五月。

頭山秀三「父を語る」（放送原稿）、一九四四年一二月一二日、上海放送局にて（『澀東春秋』丁卯十月号、一九八七年一〇月より転載）。

中江篤介（兆民）『一年有半』博文堂、一九〇一年。

中島岳志『中村屋のボース――インド独立運動と近代日本のアジア主義――』白水社、二〇〇五年。

――『アジア主義――その先の近代へ』潮出版社、二〇一四年。

中野刀水『頭山満翁の話』新英社、一九三六年。

中村吉蔵「頭山満翁伝」、同『戯曲　伊藤・東郷・頭山』鶴書房、一九四三年。

「南京事件有志会」、『東京朝日新聞』一九一三年九月五日。

「二十一箇条は断然廃棄を許さず」、『大阪朝日新聞』一九二三年三月二九日。

ハーバート・ノーマン「日本政治の封建的背景」、大窪愿二編訳『ハーバート・ノーマン全集　第二巻』岩波書店、一九七七年。

長谷川義記『頭山満評伝――人間個と生涯』原書房、一九七四年。

原秀男ほか『検察秘録五・一五事件・三』角川書店、一九八九年。

服部龍二『広田弘毅――「悲劇の宰相」の実像』中公新書、二〇〇八年。

半田隆夫「高場乱――男として生きた気宇壮大の教育者」、歴史読本編集部編『物語　幕末を生きた女一〇一人』新人物往来社、二〇一〇年。

東久邇宮稔彦『私の記録』東方書房、一九四七年。

――『東久邇日記――日本激動期の秘録――』徳間書店、一九六八年。

樋口哲子『父ボース――追憶のなかのアジアと日本』白水社、二〇〇八年。

「不戦条約文問題ニ関スル上奏書」、外務省編『日本外交文書　昭和期Ⅰ第二部第一巻』外務省、一九八八年。

福本誠「一代の人物」、『日本人』第一五四号、一九〇二年一月五日。

藤本尚則『巨人頭山満翁』田口書店、一九三二年。

──『巨人頭山満』雪花社、一九六七年。

──『頭山精神』大日本頭山精神会、一九三九年、復刻版、葦書房、一九九三年。

──編『頭山満翁写真伝』葦書房、一九八八年。

「亡命客を保護せよ」、『東京朝日新聞』一九一三年八月一二日。

「北上ノ途次本邦ニ立寄リタル孫文一行ノ動静並ビニ邦人記者トノ会見模様ニツキ報告ノ件」一九二四年一一月二四日、『日本外交文書』大正一三年第二冊。

松沢裕作『自由民権運動──〈デモクラシー〉の夢と挫折』岩波新書、二〇一六年。

松本健一『雲に立つ──頭山満の「場所」』文藝春秋、一九九六年。

宮崎滔天「三十三年之夢」、宮崎龍介、小野川秀美編『宮崎滔天全集 第一巻』平凡社、一九七一年。

毛注青『黄興年譜』湖南人民出版社、長沙、一九八〇年。

山田済斎編『西郷南洲遺訓』岩波書店、一九三九年。

夢野久作『近世怪人伝──頭山満から父杉山茂丸まで』文春学藝ライブラリー、二〇一五年。

吉田俊男『天下之怪傑　頭山満』成功雑誌社、一九一二年。

ラス・ビハリ・ボース「頭山先生に助けられた話」（一九三三年）、藤本尚則『頭山精神』。

──『青年亜細亜の勝利』平凡社、一九三七年。

李吉奎「孫中山与頭山満交往述略」、『中山大学学報（社会科学版）』二〇〇六年第六期。

李彩華「頭山満のアジア主義」、『哲学と現代』第三三号、二〇一八年二月。

「浪人会」、『東京朝日新聞』一九一一年一〇月一九日。

略年表

一八五五（安政二）年	五月二七日（旧暦四月一二日）、福岡に筒井亀策の三男として生まれる。乙次郎と命名。この後、八郎、満と改名する。
一八六五（慶応元）年	この頃より、古川塾に学び、次いで折中義塾に転じ、さらに亀井暘洲の門に学ぶ。
一八七一（明治四）年	高場乱の興志塾に入る。
一八七三（明治六）年	春、母イソの実家・頭山家の養子となる。
一八七五（明治八）年	八月、福岡に矯志社が組織され、社員となる。
一八七六（明治九）年	一一月、箱田の逮捕に抗議して投獄される。
一八七七（明治一〇）年	九月、釈放され、同志とともに開墾社を設立する。
一八七八（明治一一）年	五月、大久保利通が暗殺され、高知へ板垣退助を訪問する。秋、民権結社・向陽社が設立される。
一八七九（明治一二）年	一二月、玄洋社が設立される（初代社長・平岡浩太郎）。この月、鹿児島に西郷隆盛の旧宅を訪ねる。
一八八〇（明治一三）年	五月、初めて上京し、牛込左内坂に一戸を構える。六月から東北・北陸を歴訪する。
一八八二（明治一五）年	三月、熊本での九州改進党結成大会に出席する。

一八八四（明治一七）年	一二月、朝鮮で甲申政変が発生し、敗れた金玉均は日本に亡命する。
一八八五（明治一八）年	神戸にて金玉均と会見する。この年、峰尾夫人と結婚する。
一八八六（明治一九）年	春、荒尾精と会う。
一八八八（明治二一）年	一月、箱田六輔死去。
一八八九（明治二二）年	一〇月、来島恒喜による大隈重信襲撃事件が起こる。
一八九二（明治二五）年	二月、第二回総選挙において積極的に民党攻撃の行動を行う。
一八九四（明治二七）年	三月、金玉均、上海にて殺害される。
一八九七（明治三〇）年	九月、孫文と出会う。この年、峰尾夫人、一家をあげて上京し、牛込納戸町に居を構える。
一八九八（明治三一）年	一一月、東亜同文会が設立される（会長・近衛篤麿）。
一九〇〇（明治三三）年	九月、国民同盟会が設立される。
一九〇四（明治三七）年	二月、日露戦争が勃発する。満洲義軍の結成を援助する。
一九〇五（明治三八）年	八月、東京で中国同盟会が設立される。
一九〇九（明治四二）年	ムスリム活動家・アブデュルレシト・イブラヒム来日、頭山と面会する。
一九一〇（明治四三）年	八月、韓国併合。
一九一一（明治四四）年	一〇月、辛亥革命勃発。一二月、中国に渡る。

一九一二年（明治四五・大正元）年	一月一日、南京に中華民国臨時政府が成立し、孫文が臨時大総統となる。同月八日、犬養毅とともに孫文・黄興と会見する。二月一三日、孫文、臨時大総統辞職を表明する。三月一〇日、袁世凱、臨時大総統に就任する。
一九一三（大正二）年	二月、孫文、日本を公式訪問する。八月、孫文、第二革命に敗れて日本に亡命する。
一九一五（大正四）年	六月、ラース・ビハーリー・ボース、来日する。
一九一六（大正五）年	一月、袁世凱、帝制を復活する。二月、対支問題有志会を開き、袁世凱排斥を決議する。一〇月、黄興死去。
一九二二（大正一一）年	三月、藤本尚則『巨人頭山満翁』が出版される。一〇月、インドの独立運動家マヘンドラ・プラタップ来日、頭山と面会する。
一九二四（大正一三）年	六月、インドの詩人ラビンドラナート・タゴール、三度目の来日。頭山と面会する。八月、渋谷常磐松に転居する。一一月、孫文が最後の来日。頭山と会談した後、「大アジア主義」講演を行う。
一九二五（大正一四）年	一月、純正普選運動を推進する。三月、孫文死去。五月、東京で孫文追悼会が開催される。
一九二七（昭和二）年	九月、蔣介石が来日、頭山を訪ねる。
一九二八（昭和三）年	四月、内田良平らとともに内治外交作振同盟を作る。
一九二九（昭和四）年	五月、頭山、二度目の中国訪問。

一九三一（昭和六）年	九月、満洲事変が勃発する。
一九三二（昭和七）年	二月、血盟団事件発生。三月、満洲国建国。五・一五事件が起こる。九月、息子の秀三が逮捕される。
一九三三（昭和八）年	三月、日本、国際連盟を脱退する。
一九三五（昭和一〇）年	三月、孫文十周年忌慰霊祭に出席する。一〇月、頭山、イタリアのエチオピア侵攻に反対する活動を主宰する。
一九三七（昭和一二）年	七月、盧溝橋事件が勃発し、日中全面戦争に突入する。
一九四〇（昭和一五）年	三月、南京に中華民国国民政府が成立し、汪精衛が代理主席となる。同月～四月、新国劇「頭山満翁」が上演される。
一九四一（昭和一六）年	九月、頭山、東久邇宮から蔣介石との直接交渉を依頼される。一二月、日米開戦。
一九四二（昭和一七）年	五月、国技館で米寿祝賀会が行われ、参加者八千人に及ぶ。
一九四四（昭和一九）年	一〇月五日、頭山、御殿場で死去。同月一〇日、芝増上寺で葬儀が営まれる。
一九四五（昭和二〇）年	八月一五日、日本敗戦。
一九四六（昭和二一）年	一月、連合国総司令部（ＧＨＱ）によって玄洋社に解散命令が出される。

ちくま新書
1608

頭山満《とうやまみつる》
——アジア主義《しゅぎ》者《しゃ》の実像《じつぞう》

二〇二一年一〇月一〇日　第一刷発行

著者　嵯峨　隆（さが・たかし）
発行者　喜入冬子
発行所　株式会社 筑摩書房
東京都台東区蔵前二-五-三　郵便番号一一一-八七五五
電話番号〇三-五六八七-二六〇一（代表）
装幀者　間村俊一
印刷・製本　株式会社 精興社

ISBN978-4-480-07433-1 C0223

ちくま新書

1589
大正史講義
筒井清忠編
大衆の台頭が始まり、激動の昭和の原点ともなった大正時代。その複雑な歴史を二六の論点で第一線の研究者が最新の研究成果を結集して解説する。決定版大正全史。

1136
昭和史講義
――最新研究で見る戦争への道
筒井清忠編
なぜ昭和の日本は戦争へと向かったのか。複雑きわまる戦前期を正確に理解すべく、俗説を排して信頼できる史料に依拠。第一線の歴史家たちによる最新の研究成果。

1194
昭和史講義2
――専門研究者が見る戦争への道
筒井清忠編
なぜ戦前の日本は破綻への道を歩んだのか。その原因をより深く究明すべく、二十名の研究者が最新研究の成果を結集する。好評を博した昭和史講義シリーズ第二弾。

1266
昭和史講義3
――リーダーを通して見る戦争への道
筒井清忠編
昭和のリーダーたちの決断はなぜ戦争へと結びついたのか。近衛文麿、東条英機ら政治家・軍人のキーパーソン15名の生い立ちと行動を、最新研究によって跡づける。

1364
モンゴル人の中国革命
楊海英
内モンゴルは中国共産党が解放したのではない。草原の民は清朝、国民党、共産党といかに戦い、敗れたのか。日本との関わりを含め、総合的に描き出す真実の歴史。

1482
天皇と右翼・左翼
――日本近現代史の隠された対立構造
駄場裕司
日本を動かしたのは幕末以来の天皇家と旧宮家の対立と裏社会の暗闘だった。従来の右翼・左翼観を打ち破り、日本の支配層における対立構造を天皇を軸に描き直す。

1499
避けられた戦争
――一九二〇年代・日本の選択
油井大三郎
なぜ日本は国際協調を捨てて戦争へと向かったのか。国際関係史の知見から、一九二〇年代の日本に本当は存在していた「戦争を避ける道」の可能性を掘り起こす。